伴孩子成长的醇美心灵鸡汤丛书

孩子不听话，总和大人对着干怎么办

孙向荣　主编

哈尔滨出版社

图书在版编目（CIP）数据

孩子不听话，总和大人对着干怎么办 / 孙向荣主编
. —— 哈尔滨 ：哈尔滨出版社，2021. 2
（伴孩子成长的醇美心灵鸡汤丛书）
ISBN 978－7－5484－5771－8

Ⅰ. ①孩… Ⅱ. ①孙… Ⅲ. ①少年儿童－家庭教育
Ⅳ. ①G782

中国版本图书馆 CIP 数据核字（2020）第 246254 号

书　　名：孩子不听话，总和大人对着干怎么办
HAIZI BU TINGHUA，ZONG HE DAREN DUI · ZHEGAN ZEN · MEBAN

作　　者：孙向荣　主编
责任编辑：赵宏佳　姚春青
责任审校：李　战
封面设计：末末美书

出版发行：哈尔滨出版社（Harbin Publishing House）
社　　址：哈尔滨市香坊区泰山路 82－9 号　**邮编：**150090
经　　销：全国新华书店
印　　刷：三河市宏顺兴印刷有限公司
网　　址：www. hrbcbs. com　www. mifengniao. com
E－mail：hrbcbs@yeah. net
编辑版权热线：（0451）87900271　87900272
销售热线：（0451）87900202　87900203

开　　本：880mm×1230mm　1/32　**印张：**28　**字数：**432 千字
版　　次：2021 年 2 月第 1 版
印　　次：2021 年 2 月第 1 次印刷
书　　号：ISBN 978－7－5484－5771－8
定　　价：152. 00 元（全 4 册）

凡购本社图书发现印装错误，请与本社印制部联系调换。
服务热线：（0451）87900278

孩子是家长的希望，是整个家庭的未来。教育孩子，牵动着千千万万父母的心。如何让孩子在与人相处中学会关爱，学会分享，学会尊重，需要我们家长正确的引导和精心的培养。同时，家长应为孩子营造良好的氛围，创造更多的机会，使孩子在正确的教育下，健康茁壮成长。

说到现实中孩子的教育，每一个做父母的都有一肚子话要说，许多家长都抱怨，孩子越来越不好管教了，有的孩子对父母的管教不予理睬，我行我素，甚至还和家长对着干。有的家长就抱怨说，只要我一说孩子就烦，不说不行，说了就烦，真不知道该怎么办才好。的确，家长苦口婆心却适得其反的现象并不少见，但在这个时候，做父母的不应该只怪孩子，也应该反思反思，看看问题出在哪里，能不能换种方式使孩子能够更容易接受一些。

处于心理逆反期的孩子，面对父母无视其尊严的威吓、训斥，只会产生更大的反抗，把家长看作自己的敌人；反之，面对的若是父母顾及其尊严的交流、告诫，孩子就会意识到自己的错误，把家长看作自己的朋友。陶行知用四块糖果使犯了错误的孩子心悦诚服地认错、改错，奥秘正在于此。

父母的教育是孩子的第一所学校，父母的教育伴随着孩子的成长，教育是否得当，将直接影响到孩子的未来，这就需要我们做家长的平时应做到有一颗爱心，还要细心、用心、耐心。相信只要我们家长能做到这几点，再加上科学的教育方式，孩子将来一定能够成为一个对国家，对社会有用的人才。

第一章 理性认识叛逆期的孩子

第二章 理性看待孩子的叛逆期

第三章 这样做，叛逆期的孩子才肯听

第四章 要改变孩子，先改变我们自己

第五章 叛逆期的孩子需要信任和鼓励

第六章 提高孩子的综合能力

第七章 适时引导，帮孩子顺利度过叛逆期

理性认识叛逆期的孩子

一、孩子怎么越大越不听话了

“孩子越大越不听话了，真难管”，这是许多家长对叛逆期孩子的共鸣，却不知道到底是什么原因所致。叛逆期的孩子难管，所以国外也将叛逆期称为“狂躁期”“困难期”。其实，孩子的叛逆并没有家长们担心得那么糟糕，有的时候我们应该肯定他，引导他，这一阶段就会很容易地度过。

孩子是父母的心头肉，父母总盼着孩子能快点长大。可随着孩子一年年地长大，父母却多了许多烦心事。因为进入青春期后，以前听话的“乖乖女”“乖乖儿”开始学着和自己顶嘴，成为了不爱听大人话的“叛逆孩子”。这让当家长的很是头疼。

孩子进入青春期后由于生理变化引发心理变化，他们遇事开始思考，开始有了并不成熟的想法，对父母的话开始怀疑。而父母发现自己的威信受到质疑后，一时难以适应，又不愿调整教育方法去面对孩子，因此，面对产生抗拒的孩子，家长觉得难以调教。

如果孩子偶尔淘气，不听大人的话，父母往往不以为然；如果孩子经常不听话，管不住，父母就会深感头疼。不幸的是，许多父母发现，随着孩子年龄的增长，孩子不听话的行为越来越多，而且在父母不断唠叨下，孩子甚至产生了逆反的心理，不管父母说什么，也不管对自己有多大好处，一律是先否定再说。这时候如果父母对孩子的教育方式不恰当，就很有可能加剧这种逆反心理，这不但不利于父母与孩子之间的交流，还很有可能影响到父母与孩子之间的感情。

那么究竟是什么导致孩子产生逆反心理呢？主要原因有以下几点：

（一）孩子的好奇心、求知欲得不到满足

3岁以后的孩子拥有强烈的好奇心，求知欲旺盛，什么都要摸摸、碰碰，这经常会惹恼大人，轻则行动被限制，重则受到训斥、处罚。父母这样草率地对待孩子势必引起孩子的反感。

（二）成人不尊重孩子的人格

孩子虽小，也有自尊心，也是需要成人的尊重的。父母要根据他们的身心特点进行教育，“棍棒底下出孝子”、讽刺、挖苦、辱骂、体罚，只能引起孩子的逆反心理。

（三）凡事唠唠叨叨

有些爸爸妈妈认为孩子这也不行，那也不行，一会儿说注意这，一会儿说注意那，每天唠叨个没完没了，时间一长，孩子就会厌烦，产生逆反心理。

（四）不顾孩子的意愿，把自己的想法强加给孩子

一些爸爸妈妈望子成龙心切，他们要孩子学这学那，如规定每天必

须背多少的古诗和单词，练习几个小时的钢琴，如果家长对成果不够满意，还要有惩罚。这种急于求成、拔苗助长的做法，容易引起孩子的对立情绪。

如何教育处在叛逆期的孩子是件很棘手的事。打骂不行，因为打骂只能增加孩子的对抗情绪和逆反心理；说教又被孩子当作了“耳边风”；放任不管更是不行，因为孩子的个性和想法并不成熟，如果不加约束的话，难保他们不会出现行为偏差甚至走向歧途。

小东是个喜欢标新立异的男孩子，这一点小东妈妈心里是有数的，可她还是没料到儿子会这么夸张，在暑假的第一天，小东就在手臂上用纹身纸印上一个夸张的纹身图案。

妈妈很生气，告诉小东把纹身弄掉，小东却偏不愿意，于是妈妈怒不可遏地打了小东一巴掌：“你这哪里像个中学生，简直就是堕落流氓！”说完就强行把他拉到水池边，让他马上把图案洗掉。

小东还是不愿意，他含着眼泪说：“大家都说这纹身挺漂亮，我都这么大了，这点自由都没有吗？做妈妈的也不能随意侮辱人，你为什么说我堕落流氓啊？”

小东的妈妈听了还是不依不饶，她硬拉小东去洗，小东居然一下子挣脱了，一气之下跑出了家门。之后，妈妈跟爸爸商量小东的事情，爸爸却责怪她小题大做：“现在的年轻人都追求个性，表达方式有点儿偏差也是可以理解的。想想我们年轻的时候也是这样过来的，可不能拔掉了刺，也扼杀了孩子的个性。最好的方法是我们做父母的先去接受它，然后再慢慢地引导孩子。”

爸爸的话点醒了妈妈。对那个被视为眼中钉的纹身，妈妈没有着急处理，她查看了一些资料后，就心平气和地跟儿子探讨起纹身艺术来。当她提醒小东劣质纹身纸对健康有害、易损皮肤时，妈妈看到了儿子脸上闪过将信将疑的神色。看到有了成果，妈妈还故意带小东去表妹家玩。表妹的小女儿向来很喜欢小东哥哥，可看到小东的纹身，小女孩却疏远了他，还说：“小东哥哥手上的东西好恐怖哦。”回来后，小东主动把纹身给洗掉了，说是弄得皮肤怪痒痒的。

从此以后遇到类似的事情，妈妈再也不跟小东较量，而是拿出自己的宽容和耐心，与孩子像朋友一样地交流，并以此来引导孩子少走弯路。就这样在妈妈耐心的引导下，小东的逆反情绪也没有那么严重了，有时还将心里的事情和妈妈商量，他们成为了朋友，是彼此心中最真挚的朋友。

当孩子出现一些问题时，以往我们总是要问上一句“这孩子是怎么了？”，习惯从孩子身上找原因。其实，许多问题的产生根源是父母。孩子的某些叛逆心理和行为，可能恰恰是家庭教育弊端所致。总之，父母要接受孩子的叛逆，不要过分束缚他们的手脚，应给他们自由发展的空间，允许和接受他们成长中的错误，引导孩子逐渐步入成熟。

二、孩子竟然逃学了

孩子进入小学和初中以后，最令家长头疼的事情之一就是孩子不明就里的逃学。一般来说，孩子的逃学多是从厌学、迟到等开始的。迟到了怕老师批评，不敢喊报告进教室，又不能总在教室门口待着。另外，孩子的贪玩心重，一有好玩的事就容易被吸引住。有时玩得忘我了，就会把上学的事情忘得一干二净，结果迟到就变成了逃课。如果家长不经常询问和关心自己的孩子，那孩子就有可能经常有这种逃学行为。因此，解决孩子逃学的问题是家教中非常重要的一项内容，家长只有用理解和关心，帮助孩子由“厌学”变成“喜学”，孩子逃学的问题才能得到根本解决。

举个例子，如果你的儿子平时学习比较吃力，上课像听天书似的，老师留的作业一道也不会做，因此干脆不做，或者抄袭别人的。老师天天批评都无济于事，无奈之下只好向家长告状，希望家长能帮助孩子改变这种状况。当你和爱人得知儿子的情况后，天天指责儿子，后来竟发展到和孩子使用武力，委屈之极的儿子因此也离家出走了。后来好不容易找到儿子后，再把他送到学校时，儿子已经完全变了个样子，天天逃学，但你们却再也没办法了。

孩子逃学是厌学、惧学的表现。实际上，逃学的孩子心里也并不好受，既可气，又可怜。孩子逃学的原因很多，比如：学习成绩不好，经常受到同学或老师的歧视；和同学很难相处；害怕考试等等。归根到底，孩子逃学是由于各方面因素影响而慢慢产生厌学情绪造成的。这些孩子刚开始经常寻找不去上学的理由，比如撒谎说身体不舒服等。当这种厌学情绪发展到极限的时候，他们就干脆逃学。

孩子逃学是比较严重的问题，从纪律方面说，是公开违犯校纪校规；从学习方面说，是放弃学生的重要职责——学习。家长一定要采取适当的措施帮助这些孩子。下面是有关专家经过长期探索，总结出的几个方法。

（一）弄清孩子厌学、逃学的原因

要想把逃学在外的孩子领回学校，首先应找到孩子逃学的原因，然后才能对症下药。如果是家长的原因，家长自己则要加以反省与改正。比如，孩子犯点小错误或是考试成绩不太理想，家长不问青红皂白，就指责或打骂，还时常用一些带有恐吓意味的语句来威吓孩子，比如“下次考不了前五名，就不要去学校了。”“不好好学习，看我怎么收拾你。”等等。这些话给孩子的心理造成了很大压力，让孩子对上学产生了一种恐惧感。而一些性格孤僻、逆反心理较重的孩子便往往因此不愿上学，最后慢慢发展到逃学。

（二）让孩子融入到伙伴和集体中

如果孩子是由于和同学很难相处而逃学，家长应让其多与同龄的孩子接触，鼓励孩子走出家门与小伙伴一起玩耍，对孩子领回家的小伙伴也应以积极热情的态度表示欢迎。这有助于培养孩子的社交能力。

（三）家长及时检讨自己

家长的态度是孩子转变的重要因素，如果孩子逃学是由于家长的原因造成的，比如教育态度、方法生硬等，家长应多自我反省，多跟孩子交流，听听孩子心里是怎么想的，改正自己的缺点，跟孩子一起下决心，一点一点进步。

（四）和老师一起减轻孩子的心理压力

如果孩子对学校产生了恐惧心理，家长应与老师多一些沟通，让老师也从侧面给予孩子关爱，使孩子感到温暖。在学习上，不要给孩子施加太大的压力，让孩子在轻松的环境中学习，使孩子从害怕上学变为主动、轻松愉快地上学。

（四）和孩子共同学习

有的孩子厌学与家长不喜欢学习有关，比如家长总是打麻将等，这些家长应该转变自己的思想认识，要知道，你的一言一行都会影响孩子。家长最好能与孩子安排共同的学习时间，并且互相监督检查，这样可大大调动孩子学习的积极性。

（五）多鼓励、少批评

家长在教育逃学的孩子的时候，应努力发现孩子的进步，即便是孩子取得了不好的成绩，也应给予鼓励，让孩子感到你对他的关怀。

（六）用温和的语气指出孩子的不足之处

家长在指出孩子不足或者毛病时，应尽量用温和的语气，使孩子更乐于接受你的建议，这样才能让孩子更好地学习和生活。

（七）给孩子一个良好的成长环境

良好的成长环境对孩子的健康非常重要，温馨、和睦的家庭环境对孩子的成长起着至关重要的作用。比如单亲家庭显然是不利于孩子的学习和成长的，因此，对于那些离异的家庭来说，父母双方更应给予孩子关爱和照顾，让孩子感受到父母的爱。

孩子逃学是不喜爱学校生活、不喜欢学习的现象，也是意志薄弱的一种表现。如果家长只用打骂驱使他去上学，或进行没有针对性的说教，对于纠正孩子的逃学行为是不能奏效的。家长还是应当先找到孩子逃学的原因，然后有的放矢地进行教育，这样才会收到效果。

三、你真的了解自己的孩子吗

爱默生曾说过："被了解是件奢侈品。"的确如此。孩子需要被了解，并且是朋友般的了解，父母只有把他们当作自己的朋友，才会为他们所接受。否则，你就无法和孩子建立起健全的关系。只有朋友的关系，才能建立起彼此之间充满信任感的沟通。

家长们，你在要求孩子的同时，你有没有想过孩子在想什么呢？你对孩子在学校的生活环境了解吗？你对孩子与同学之间的关系了解吗？你知道孩子是怎么看待老师的吗？你对孩子的学习兴趣了解吗？你对孩子的快乐和痛苦了解吗？你能帮助孩子解决生活中的痛苦和烦恼吗？你知道父母在孩子的眼里是什么形象吗？你知道父母在孩子心中的地位吗？你能引导孩子顺利地走上人生的快车道吗？你真的了解自己的孩子吗？你只有真正了解自己的孩子，才能把孩子引上正确的道路。

在当今的中国，大多数家庭只有一个孩子，父母把全部的关爱、全部的心血都倾注在这一个孩子身上。按理说，父母应该是孩子最知心的人吧？孩子有了心事应该向父母诉说吧？可实际情况却不是这样。这不能不引人深思啊。

一位小朋友在谈到自己心目中理想的父母时这样说："我心目中理想的家长应该是以身作则、树立榜样的家长。您在单位努力工作，我们在校也会努力学习；您和邻居友好相处，我们在学校也会团结同学：您在家温和体贴，我们也知道关心他人；您遇事不急不躁，我们也能学会冷静：您谈吐幽默充满智慧，我们也能学会开朗活泼，学有所长。现在学校正在开展素质教育，今后社会上需要多方面的人才，我们希望自己拥有良好的成绩、健康的体魄、健全的人格。所以也希望家长能够经常带我们跑步、打球；经常带我们看望爷爷奶奶、姥姥姥爷；经常带我们参加公益活动；和我们一运看课外读物；我们就一定会有巨大的进步，给您带来意想不到的惊喜。身教胜于言教，爸爸妈妈给我们带个好头，做个榜样。”

看了这段话，相信很多家长都会很惊讶，原来一个孩子会那么的有思想，真的不可小视他们的才华。有的时候家长关心孩子这个关心孩子那个，但是却忘记了孩子真正想要的是什么，这是亲子关系隔阂的开始，倘若我们能够早些了解这一切，多与孩子进行沟通交流，在关键的时候用引导的方式让孩子对自己敞开心扉，就能够深刻地了解孩子的内心，知道他们想要什么，最需要什么，只有这样我们才能真正地帮到孩子。

下面让我们来看一个故事，希望对家长们有所帮助：

从前有一个国王，他的王子总是存有幻想，认为自己应当赤裸着身体，蹲在餐桌下面，捡饭渣吃。

王子每天都是这样，可急坏了国王，他请遍了国内所有的医生，结果没有一个能帮助他的儿子。一天，有个智者来到国王面前，主动要求帮助这个孩子。

那个人脱光衣服，和国王的王子一起蹲在餐桌下面。当王子问他为什么蹲在桌子下面时，那个智者笑着回答说："因为我是一个土耳其人。"

"我也是一个土耳其人。"国王的儿子说。

就这样两个人光着身子在餐桌下面蹲了好几天，彼此慢慢熟识起来。

有一天，智者让人扔几件衬衫下来。

"你是不是觉得土耳其人不能穿衬衫?"智者问王子，"土耳其人当然能穿衬衫，一个人是不是土耳其人是不能根据其是否穿衬衫来判断的。"于是两个人穿好衬衫。

几天以后，那个智者让人扔几条裤子下来。"你是不是认为穿裤子的人不是土耳其人?"他问王子。王子回答："当然可以，一个人是不是土耳其人是不能根据其是否穿裤子来判断的。"于是两个人都穿上了裤子。那个智者继续这么做，直到两人都穿得整整齐齐。

然后他让人放些食物在餐桌上。"你是否觉得，如果吃好东西就不是土耳其人?"智者又问王子。"当然不是。"王子回答。于是他们就一起吃起食物来。

最后，智者说："你认为一个土耳其人必须整天蹲在桌子下面吗?

你知道吗，坐在餐桌旁仍是一个土耳其人，这是完全可能的。”于是那个智者就这样一步一步地把男孩带回到现实世界中来。

有的时候孩子在想什么我们根本不知道，当他们有了异样的举动，家长们就开始不知所措，干着急就是不知道怎样才能帮助孩子。这时候我们不妨先了解一下孩子在想什么，他更需要什么，然后慢慢地扭转他的思路，把他从幻想的世界里带回到现实中来。这说起来简单，做起来却是艰难的。家长这时候应该忘记自己的年龄，把自己和孩子放在同一个年龄段上，慢慢地去接近孩子的心灵。

要知道做父母是很不容易的，想成为一名成功的家长就更不容易了，它需要我们为孩子付出不懈的努力，才能把自己的孩子培养成一个行为得体、彬彬有礼、品格端正的好孩子。它需要家长的勇气和信心，相信孩子，同时也相信自己。我们首先要明白什么是对孩子有益的事情，而什么样的行为是不可取的。

其实，孩子是需要和家长沟通的，只有这样他的心结才会打开，他的心情才会放松。因此，了解孩子的想法就可以帮助他们找到成功的钥匙，让他们的生活少一点黑暗，多一片阳光，少一份忧郁，多一些快乐。

四、避开叛逆孩子的锋芒

蒙蒙从小和妈妈的关系特别亲密，心里有什么总是要告诉妈妈，每天放学回家后总是不断地向妈妈讲述学校里的事情。可是，自从蒙蒙上了中学以后，越来越不爱和妈妈谈心了。妈妈好几次问蒙蒙最近学校有什么新闻，蒙蒙总是淡淡地说："没什么。"

妈妈多问几次，她就不耐烦了："妈妈，我已经不是小孩了，我应该有自己独立的生活！"后来，蒙蒙喜欢穿磨得破破烂烂、有大小窟窿的牛仔裤和花花绿绿的T恤，以为这就是流行趋势。

这一天，妈妈看见女儿站在门外，用石头和沙子猛擦新牛仔裤的裤脚。妈妈一看就非常生气。于是，妈妈马上过去对女儿说："我小时候哪有这样的衣服穿？有一件新衣服爱惜得不得了！没想到你现在却这么不知道珍惜。你是不是觉得生活条件太好了呀？……真是个让人心烦的孩子！"尽管妈妈说得苦口婆心，但女儿好像充耳不闻，女儿似乎对妈妈的唠叨无动于衷，继续低头擦她的新牛仔裤。

妈妈终于气极了，忍不住问蒙蒙："你为什么要把新牛仔裤弄成这个鬼样子？"没想到，女儿竟然理直气壮地说："我就是不想穿新的嘛！"

妈妈担心孩子会有什么事，于是就偷偷查看她的抽屉，蒙蒙知道以后很不满，好几天没有理睬妈妈。后来，妈妈还跟踪蒙蒙，蒙蒙发现后，更是一个月没有理睬妈妈。妈妈心里很苦恼：明明是为孩子好，孩子为什么不领情？这是因为孩子进入青春期后，常常会有一些逆反的举动，比如，不愿意与父母沟通，喜欢做一些出格的事情。

随着孩子独立自主意识的不断加强，出现了所谓的“心理断乳期”。“心理断乳”的真正意义是孩子摆脱对父母的依恋，实现精神的成熟与独立。在这个时期，孩子们开始需要管理自己的心灵，希望有一个独立的空间，希望他人意识到自己的成长，希望成人把自己当成成人看待等等。

这一时期的孩子，最主要的表现就是独立活动的意愿变得越来越强烈，他们不愿意成人再干涉他们的自由。如果这时家长还把他们当孩子来看待，他们就会厌烦，就会觉得伤害了他们的自尊心，从而会出现反抗的行为，来表达自己内心的不满。

家长如果和叛逆期的孩子较劲，不仅无法改变孩子的想法，而且容易造成孩子的心理障碍。因此，父母应该把孩子的一些逆反行为理解为孩子在为精神独立而宣战。如果父母以宽容的心态对待孩子的一些出格行为，鼓励孩子在精神上朝着独立自主的方式前进，这对孩子的心理成长是极有帮助的。

叛逆期是孩子们在成长过程中必须经历的一个过程，这是孩子们逐渐从依赖父母的心理状态中独立出来的一个过程，是孩子养成自己的判断、自己解决问题的行为习惯的时期，也是一个人社会化的过程。那么，父母应该怎样对待处于叛逆期的孩子呢？

(一) 正视孩子的心理变化

孩子进入叛逆期时往往想主动摆脱父母的束缚，割断与父母之间的心理依赖关系。这是孩子自我意识发展的表现，是一种正常的心理，因此，父母要正视孩子的这种心理，给孩子一个宽松的氛围，促进孩子自我意识和自主能力的发展。

父母不要因为孩子出现了这种心理变化就惴惴不安，应该充分理解和支持这种变化，并给予积极的引导。比如，妈妈可以说："看来小姑娘已经长大了，有了自己的想法，妈妈真为你感到自豪。如果有什么需要妈妈帮助的，妈妈一定乐意帮助。"这样反而可以引导孩子与父母交流。

在这个阶段，孩子除了基本的物质需要，可能更需要和别人进行精神上的交流。父母应该切实从精神上更加关爱、鼓励和支持孩子，再也不能把他们当作什么也不懂的小孩子了。

(二) 充分理解和尊重孩子

陶行知先生说："人人都说孩子小，谁知人小心不小。你若小看小孩子，便比小孩还要小。"其实孩子像大人一样，也是一个独立的个体，他们希望得到别人的理解和尊重。尤其是孩子进入叛逆期后，往往觉得自己已经是成人了，这就更需要父母耐心地教导，并给予正确的示范。

对孩子由于经验不足而产生的幼稚行为，父母应能包容，进行开导纠正，而不是打骂和压制。当孩子表达自己的意见时，父母一定要认真倾听，这表示尊重孩子的人格。孩子说得不完整，父母可以补充；孩子说得有偏差，父母可以纠正。比如：“妈妈的意见和你不一样，我觉得……更好，你觉得呢?”或者“妈妈认为……你再仔细考虑考虑，总结一下再下结论。”

但是，父母千万不要对孩子的不成熟想法泼冷水、讽刺或是嘲笑，而是要将孩子看成是一个独立的个体，给孩子自己选择行为和做决定的机会，父母如有不同意见，应该心平气和地与孩子讨论。要允许孩子有新的想法、新思维、新做法，父母不能接受的，不一定是错误的。作为父母不一定要求孩子一定按自己的要求去做，尤其是孩子自己的事情。孩子有自己的爱好，有他的生活圈，父母应该站在孩子的角度，给孩子一定的空间。

在生活中，父母要密切注意孩子在态度和行为上的细微变化，当孩子希望自己的房间没有人进入时，父母就不要随便进入；当孩子希望拥有记录自己秘密的日记本时，父母就不要偷看孩子的日记，更不能采取打骂体罚的方式来窥探、监视和干涉孩子。

（三）满足孩子“被肯定”的心理需要

在孩子的成长过程中，父母要满足孩子“被肯定”的心理需要。父母不要总是从“品德问题”“个性倔强”“安全问题”等消极方面去评价孩子，不给孩子自我表达和自我实现的机会。越是家长看不上的“不安分”的孩子，越是容易引起家长的反感，对他们限制过多、强迫过多，使孩子受压抑的能量未能得到合理的释放，容易与父母发生对立和冲突。

如果孩子正常的心理需求总被否定，会导致孩子想不通，孩子就会用父母不赞成的方式来发泄他的不满。有些孩子认为自己的所作所为无法获得父母的认可，因此故意抱着敌对的情绪。而相反，当父母出乎意料地肯定了他时，孩子就会显得不好意思，反而会故意来迎合父母，努力按父母的要求去做，让父母感到高兴。

（四）多让孩子进行自由的活动

如果孩子不喜欢和父母沟通，父母应该找找原因，是不是自己对孩子平时的生活干涉太多，导致孩子产生了逆反心理。多让孩子进行自由的活动，是促进父母与孩子之间情感的好方法。比如，当孩子有同学朋友来玩时，父母不要偷听孩子们的谈话，给他们自由的空间。也可主动让孩子邀请同学到家里玩，这时父母外出以给孩子充分的自由空间。但是，父母最好要求孩子在活动结束后，和自己谈谈活动的情况，以便父母及时了解情况，也促进了与孩子之间的沟通。

平时，孩子若想和同学朋友搞课外活动，只要不是太出格的活动，父母最好都支持孩子，也可以适当限制，但不能拒绝孩子参加。比如，当孩子说想在周末和同学出去野营时，父母应该说："妈妈支持你的活动，但是你要告诉妈妈到哪里，有多少人，什么时候回来。"孩子多半是会和父母讲具体情况的。因为，父母放手让孩子进行自由的活动，表明了父母对孩子的尊重，孩子自然也会尊重父母，愿意和父母交流。

（五）耐心地与孩子进行交流

当然，引导孩子与父母进行交流，需要父母有耐心。所谓欲速则不达，操之过急反而会使孩子感觉父母想控制他，因此而对父母敬而远之，这样就达不到预期的效果了。耐心应该表现在：一方面，父母一如既往地照顾孩子，关心孩子，让孩子知道父母永远是他最重要的支撑，家庭永远是他生命最重要的港湾，他永远可以在这里寻求帮助；另一方面，父母应尊重孩子的选择，鼓励孩子去开创自己的生活。相信在父母的耐心引导下，孩子是愿意与父母进行交流的。

处于叛逆时期的孩子，父母要善于与孩子进行心理沟通。父母可以把自己青少年时期的一些躁动、不安、困惑的情绪说给孩子听，把自己当时的内心感受也说给孩子听，这样父母也更加能理解孩子的某些幼稚的行为。如果孩子视父母为可信赖的朋友，就会把自己内心最隐秘的事情说给父母听。

只有父母与孩子建立一种平等、亦师亦友的关系，相信孩子的独立处事能力，营造宽松和谐的家庭环境让孩子进行自我调节，才能让孩子顺利度过特殊的心理叛逆期。

五、学会倾听孩子的心声

多听听孩子的心声，了解孩子的感受，不仅能增进父母与孩子之间的感情，也可以令孩子明白，当孩子遇到任何烦恼时，回到家里都会得到父母的体谅和支持。这会增加孩子安全感，而安全感便可使孩子的创造力和理解力得以全面地发挥。

多听少说，是亲子沟通中重要的一环。就算孩子真的犯了错误，父母也要放下心中的怒火，静下心来，听孩子说出原因。

当孩子遇到问题时，父母首先要积极聆听，了解真相，以同情与认同的态度，站在孩子的立场，让他尽情倾诉，不要打断孩子说话，不要加插自己的意见与批评（因为这样做，对孩子而言，也没有多大作用）。专心倾听是父母的主要责任，孩子心中的感受得以抒发后，烦恼自然会消失一大半。

尽管孩子有的时候会犯一些错误，但是父母一定要耐下心来倾听孩子的心声，我们可以适当用“是吗？”“然后呢？”这类的词来继续引导孩子进行交流，而不是不断地插话，不让孩子说话，只让孩子听自己的。在家庭中，父母应该和孩子是平等的，应该和孩子是朋友，如果一味地给孩子灌输自己的思想孩子一定会很痛苦，甚至产生逆反心理，不愿意再和父母进行交流，把自己的心事憋在心里。

对话就是两方说话，如果孩子不说话，父母什么问题也解决不了。所以父母最好尽量少说，多听孩子诉说。“不许！不能！”在孩子面前，“不”这个字我们用得太多了，稍不留神就会从嘴边溜出来。而孩子呢，要不就是被一连串的“不”压得缩手缩脚，要不就是像打乒乓球一样把这些“不”给你一个个打回去，他没懵你先懵了……

有经验的父母提出，通过听孩子说话来了解他们的感受，是非常好的一种方式。不论孩子提出的问题是大还是小，都要尽可能立即去倾听他所说的话，而不要让孩子等你有了空闲时间再说。与孩子谈话，为父母提供了一次了解和教导孩子的机会。立即倾听孩子的谈话，有助于赢得孩子的信任，这样孩子才愿意把他所有的事都告诉父母。而对父母来说，了解孩子头脑里想的是什么，也是一件很重要的事情。

孩子的话是孩子的心声，可很多父母认为孩子的话很幼稚，不把孩子的话放在心上，孩子和父母的对话得不到回应，时间长了，孩子就会变得沉默寡言，不愿意和父母交流，这让孩子觉得孤独，感觉自己不被重视。

几乎所有的家长，一旦孩子不听自己的管教，对父母产生抵触情绪，都只会发出感慨说：“如今的孩子越来越难管了，他们根本就不把父母的话放在心上，而且还常常与我们对着干。”其实家长也是从小时候逐渐长大的，都经历过做孩子的阶段，想想自己处在孩子这个年龄时的表现，就应该了解孩子的心理了。

孩子不听家长的话，孩子们认为有以下一些原因：

1. 他们对我提出的要求太高太严，我做不到。

2. 他们曾经伤害过我的自尊心。

3. 我对他们不服气。

4. 我根本就不相信他们的话是真的。

5. 我不能控制自己的行为。

6. 他们经常打人，我对他们的行为很反感。

7. 他们说我的时候，我心情不好。

8. 他们对我说话时态度不好，语言不文明，不尊重人。

9. 他们总是拿我同别的孩子相比，我最不爱听这些话。

10. 我经常挨训，已经和他们形成了对抗心理。

11. 他们说话太罗嗦，让我听得很厌烦，我就干脆赌气不听。

12. 他们经常不明真相冤枉我，我觉得很委屈，所以他们说话我就是听不进去。

13. 家长总是喜欢带一大堆人来家里喝酒影响我学习，所以我很生气。

14. 家长遇到不顺心的事情总爱拿我撒气，所以我要与他们对抗。

15. 家长每天看电视声音太大影响我休息，因此我就在他们说我的时候抵抗他们。

16. 我觉得自己已经长大了，不用他们老是管着我。

17. 所有的时间都让老师和家长支配了，自己想做的事情感觉没有时间做，我一点自由都没有，因此我觉得越听话就越没自由。

这只是孩子们一部分的心声，其实孩子们的牢骚还多着呢，他们究竟为什么会有那么多的不满呢？相信只要家长们能够把以上的话仔细琢磨一下，就可以对症下药，纠正自己在孩子心目中的形象，化解与孩子心理的隔阂了。

孩子是正不断成长为具有独立人格尊严的人，可是许多父母从来不这么认为，他们忽视孩子的成长，忽视孩子的人格，很少和孩子沟通，父母的借口无非是工作忙、没时间、小孩子懂什么。其实，良好的沟通既可维系亲情，也可以使教育更有针对性，孩子养成遇事肯和大人商谈的好习惯，不至于将来形成心理障碍。

列宁出生在一个知识分子家庭。他的父亲伊里亚·尼古拉也维奇·乌里扬诺夫靠半工半读求学，后来当上了省国民教育总监。他的优秀品质深深地影响着他的孩子们。

伊里亚是一个公正的人。他在任教育总监期间，经常深入社会搞调查研究。一次，伊里亚到一个学校去视察，学生们正在上作文课。他看到有个学生的作文簿上，上次写的作文被老师打上了大红叉批了个零分。他拿起作文一看，题目是《今天的印象》。这位学生写了上次伊里亚来视察数学课的情形，他写道：“我发现他的‘P’音稍微有点不清楚……我就想，我是个小学生，尚且能正确地发‘P’音，而他是个总监，是个有学问的大人物，倒不会发‘P’音。”

伊里亚找到教员，问这是怎么回事。教员说作文里有对总监不够尊敬的地方。伊里亚说：“这是一篇很好的作文，语法正确、连贯，没有丝毫虚构捏造，写得真实，也完全符合老师出的题目。”

然后，他就给这个学生的作文改批了“优”，并且签上了自己的名字。

伊里亚把毕生的精力都贡献给了发展国民教育事业。他经常不在家，一走就是几个星期。但他每次回到家里，都给孩子们讲自己在外边遇到的事情，听到的新闻，如什么地方办起了新学校，他同巡官、地主进行了什么斗争，怎样发展教育，怎样克服居民的愚昧和偏见等等。家里添置东西，孩子们怎样选择职业，他都听取孩子们的意见。平时他让孩子们自由地、平等地参加大人的谈话，允许提出不同意见。提出的意见不对，他就认真向孩子解释，有时大人的意见有片面性，孩子的意见正确，他就当面表扬孩子，承认自己的错误。正是这样一种民主的家庭氛围，培养了孩子们勇于追求真理的精神。

家里提倡民主作风，并不意味着不用严格的纪律要求孩子。

在伊里亚家中，作息时间都有具体规定。比如，当大人做事的时候，小孩子即使提前做完了作业，也不准吵闹，以免影响别人。如果哪个孩子不听话，闹得过火，就会被领到书房里，让他坐在一把漆布做的椅子上作为处罚，等妈妈允许后，才能下来玩耍。

列宁就是在这样的环境中长大的。

伊里亚的孩子都成了革命者。列宁的哥哥亚里山大，因参加“民意党”被处死刑，死的时候只有21岁；姐姐安娜，是社会民主党第一届莫斯科委员会委员；妹妹奥里加和列宁一样，爱读马克思的书；弟弟德米特里，是个职业医生，因从事革命活动曾两次被捕；小妹妹玛丽亚，1899年起就成为了一个职业革命家。

要让孩子听你的话，不和你对着干，你就应该把孩子当成一个独立的、有思想的人，给予他充分的尊重，理解他的感受，而不能只顾表达自己的意见、想法。只有这样，孩子、家长之间才能互相沟通，相互理解。

孩子不需要训斥，也不需要指责，而是需要父母拿出一份真诚和爱去关怀、去倾听，只要父母放下自己的姿态，愿意聆听孩子的心声，孩子就自然会对父母敞开心扉。父母在家庭教育中讲民主，听听孩子心声，经常站在孩子的角度考虑问题，这样能更好地和孩子进行交流，走进孩子的内心世界，教育好孩子。只有这样，父母才能成为孩子真正的朋友。

第二章

理性看待孩子的叛逆期

一、如何看待孩子的叛逆期表现

青春期的孩子，处于心理上的“断奶期”，他们的自主意识逐渐增强，强烈希望摆脱父母的控制，希望自己独立，却又无法完全摆脱父母的照料。这种矛盾心理在孩子生活面临困难的时候显得异常明显，他们既期望有人帮助，却又不希望这个人是父母。

很多家长认为孩子沉迷游戏、接触不良人等现象，都是孩子想证明自己的一种表现，他们想让别人承认他们是一个“独立”的人，因为他们不再听从父母的话，而是坚持自我。

（一）孩子在叛逆期的外在表现

1. 认为大人的话有漏洞，大人的批评常常引起他们反感，反应激烈；

2. 和父母唱反调，不理睬父母，喜欢和父母对着干；

3. 如果家长再三叮嘱同一件事会使他们感到厌烦，甚至发脾气；

4. 成绩下滑，厌学情绪严重，抗拒学习；

5. 情绪波动起伏大，容易跟其他孩子发生冲突。

如果你的孩子有以上情况，说明你的孩子可能进入了叛逆期。

（二）怎样看待孩子的叛逆行为

1. 我要说了算

孩子正处在想要逐渐摆脱外部控制的阶段，内心在强烈的说：我要说了算。

父母对孩子内在微妙的变化往往察觉不到。就像父母在孩子身边，却觉察不出自己的孩子长个，而外人却能。

父母对孩子像以往一样的安排和言行，恰恰会刺激这个阶段孩子想“说了算”的敏感心理。这时，孩子的对抗就开始了。没有做好准备的父母面对孩子突如其来的不顺从，总会感到相当的不适应。父母首先会比较恼火，会想方设法的去压制、指责孩子，但是父母越是如此，孩子就会像弹簧一样更加反抗。

站在父母的角度，会觉得孩子翅膀硬了，怎么那么不听话。从孩子的立场，他会委屈的认为，为什么不能听他的。

2. 对抗背后的意义

孩子与父母的对抗，其背后的意义是，亲子之间的爱最终都是要分离的。孩子的每一个阶段的成长，都是要靠多次摆脱对父母的依赖来实现。父母一旦发现孩子出现对抗的言行，就应该意识到，孩子长大了，想慢慢脱离你的掌控了。

父母应该为孩子迈出独立的第一步感到欣喜。孩子不听话的行为令我们气愤，反过来想，孩子不懂得反抗，恐怕更令人担心。孩子如果对父母言听计从，将来必定养成唯唯诺诺，毫无主见，隐忍的性格。父母看到孩子对抗背后的真正意义，才能在爆发愤怒前平复心绪。好的心态是处理亲子关系的前提。

3. 与父母斗其乐无穷

孩子事事找茬，除了前面说的原因外，他一定是从对抗的过程中找到了斗争的乐趣。父母如果察觉到孩子想要对着干，你可以这样。

（1）高悬免战牌

当你感觉到孩子就是想和你斗气时，立马停止和他对话。比如天冷了，你让他里面多套一件内衣，他偏说不冷，你就把衣服放在他眼前，转身离开。穿不穿，是他的事。让孩子没有斗气的机会，如同拳头打在水面，没味也没劲，他就会知趣的收敛自己。

（2）将计就计

有的孩子明知是为他好，却依然拒绝听从，你就反其道而行。比如没肉菜孩子就不吃饭，你不必讲道理，只需要连续几顿饭，顿顿都吃肉。几天下来，他就吃腻了，就会长教训。以后在吃东西这件事情上，他就不会太任性。

（3）让权给他

必须要做的事情，就一定要有结果，方式和过程可以让孩子来选择。比如写作业，父母不要追着孩子写作业，更不要反复唠叨：写完了再玩心里才能轻松，写的时候要一心一意等等。每天放学让孩子选择是妈妈陪你写，还是你自己写。如果妈妈陪，一切安排，就要听妈妈的。孩子百分之百会选择自己写。自己写，先要明确作业有多少，预计用多长时间完成，准备用哪个时间段去完成，什么时候检查、签字，作业的速度、准确性、工整程度要达到什么标准。还要和孩子约好，做不到怎么办。

这就是父母适时的放手，让权利给孩子，使其体验独立做主的掌控感。孩子越是自己说了算，他就越会对自己的事情上心。孩子真的上心了，他就会体会独立做事多不容易。孩子理解妈妈的不易，能增进亲子之间的关系。

二、如何正确教育叛逆期的孩子

父母要孩子做的孩子听不进，孩子想干的父母不支持；父母觉得孩子不懂事，孩子认为父母太苛刻；父母觉得孩子太前卫，孩子认为父母太保守；父母讲孩子是“众星捧月”的小皇帝，孩子说父母是垂帘听政的太上皇；父母最真诚的话“我是真心为你好”，孩子们恰恰最反感……

无疑，父母与孩子之间处于如此互相不理解的状况，就不可能有真正意义上的教育，更不可能有良好的教育。所以说，教育的前提是理解。

（一）理解和尊重

作为父母，应该充分认识到叛逆心理是孩子成长过程中正常的心理特征，不要以为孩子的叛逆行为就是故意跟你过不去，不要认为孩子思想品行有问题，而去进行错误的批评指责。

面对孩子的叛逆，父母要学会去理解和尊重。叛逆期是孩子成长过程中的一个阶段，是每个人必经的一个时期，相信你年轻时也曾经叛逆过。孩子如果表现出叛逆，你首先要明白孩子已经长大了，孩子要是与你对着干，你就不接招；孩子故意搞怪，你就不为所动；只要你去尊重他，认可他，他慢慢就会自我反省，感受到父母的爱，自然而然就会约束自己的行为，不再惹父母生气。

（二）了解行为背后的真正动机

根据研究表明，行为的背后总存在动机，动机时好时坏是值得探讨的。对于一个上课睡觉、爱捣乱的孩子，一个穿着很有个性的孩子，我们应该去了解他们叛逆行为的动机是什么，这样你才能和孩子好好相处。

父母要积极地去寻找孩子的正面动机，而不是一味地去批评和否定。要是你对孩子背后的动机给予肯定并接受，孩子就会有一种被理解被尊重的感觉。要是父母只看到孩子错误的行为，给这些行为贴上不好的标签，就只会激发孩子的抗拒心理，这样你和孩子的矛盾就会越来越深，沟通也就越来越难了。

（三）倾听孩子们的心声

面对叛逆期孩子的要求，哪怕是不合理要求，父母也要给予重视，不能视而不见，并且要慎重考虑，这样既可以让孩子感受到被承认被尊重的满足感，同时减少孩子与父母发生矛盾冲突的可能性。

父母在与孩子交流的时候，要让孩子知道他们的哪些要求是合理的，哪些又是不和理的，交流的过程是家长了解孩子兴趣爱好的过程，也是发现孩子不良倾向的过程，父母如果发现孩子有小差错，通过交流可以及时制止。交流可以帮助家长和孩子找到共同话题，从而减少隔阂。

（四）切忌简单说教，强硬粗暴

逆反期的孩子最讨厌的就是一味地说教。家长应该学会与孩子站在平等的地位说话。由于孩子处于叛逆期，情绪波动很大，在交流的时候家长一定要注意察言观色。

遇到过很多的家长，不知道怎么去教育叛逆的孩子，只会粗暴对待，面对孩子的叛逆行为，不是拳脚相加，就是一顿巴掌，认为这样孩子就会改正。这样的教育只会越来越糟糕，叛逆期的孩子都有自己的想法了，要是家长总是用粗暴的方式，只会更加激化孩子的叛逆行为。因为越禁止的事情孩子就越想尝试去做。要是你表现出理解和和认可，叛逆的的行为也许就不会发生了。

叛逆期没有好坏之分，身为父母只需要正视孩子的叛逆期，采取适当的态度和做法去应对它，这样就可以和孩子好好相处了。

三、孩子也有自己的“小脾气”

孩子的喜怒哀乐等情绪表达是毫无掩饰的，他们敢爱、敢恨、敢说、敢笑，这是孩子及时宣泄各种情绪的一种方式，也是一种优势。他们自然流露这些情绪并不是什么可耻的事情，只要不扰乱别人的正常学习和生活，不伤害别人，就没有什么对错之分。并且我们要鼓励孩子这样做，允许他们自由地表达。父母只有细心地观察孩子，理解他们，在此基础上进行引导，才能保证孩子心理上的健康成长。

看见自己的孩子在众人面前“发作”，对父母来说一定是件难为情的事。在我们心中环绕的念头是什么呢？“真丢人，别人肯定会批评我的孩子没教养。”当孩子当众有异常表现时，很多父母首先想的不是孩子的心情、感受，而是自己的面子。父母往往很快地做出结论——真是胡闹，并很快地对孩子的行为加以压制。其实，父母这样做是不对的。

作为成年人，我们懂得行为规范和道德准则，知道什么样的行为是可以被接受的，什么样的行为是不应该发生的。在情感表达上我们也有明确的界线，什么样的情感是值得赞扬的，什么样的情感是不应该存在的。父母应该有意识地培养孩子学会表达积极情绪，这对于其身心健康和智力发育具有不可低估的促进作用。所以，我们一定要加强孩子的人格、心灵、价值观、道德观等方面的教育，使其健康地成长。

李新竹小朋友是一位个性要强的孩子，她爱好广泛，什么事都想试一试，玩得不尽兴就撅着嘴半天不高兴。有一次和院里小朋友玩传球，球刚传到她的手里就被身边的小朋友一把抢走了。

当时，李新竹怒气冲冲地离开活动场地，径直走到南墙边。谁也没想到，她伸出两手，拼命朝墙上挖去。一时间，小朋友们都静了下来。大约过了一刻钟的时间，李新竹才慢慢平静了下来，可十个手指头都流血了。这时候妈妈看到了她就赶紧走上前，心疼的把她抱在怀里，握着她两只受伤的小手，轻轻对她说：“好孩子，没事了！不过，以后可不要让自己受伤了，不然的话，你这个漂亮的小明星就不漂亮了！”

李新竹听了妈妈的话，懂事的点点头，同时很不好意思地说：“对不起，妈妈，我不该发脾气！”妈妈朝小新竹一笑说：“你对不起的可不是妈妈，是你的十个手指头。知道吗，你的手指好无辜啊！小朋友都是在打打闹闹中长大的，打闹一次，你就长大一些。不过呢，坏脾气不发泄出来也是很难受的，以后你再遇到不高兴的事，想发脾气，可以选择别的方式，比如跑步、跳绳什么的，你一定要记住，绝对不能伤害自己。”从此以后，小新竹学会了和小朋友交往，终于不再动不动就发脾气了。

孩子生气一定是心理不舒服。父母要接受孩子的这个状态，自己不能生气。如果自己生气，孩子的情绪会被压制。孩子的状态不被接纳，他将来也不会接纳自己的。孩子也有一个心理周期。父母要理解孩子、接纳孩子的不好的状态，允许孩子生气，不能压制孩子的情绪。这时候父母能做的就是真心陪伴。

假如孩子为某事正在气头上，父母要允许他发脾气。父母不妨先停下手边的工作，安静地等待孩子，安静地看着孩子，全神贯注地听孩子说话，不左顾右盼，不去打断他的话，这等于告诉孩子：你是被我们在意的，我们在认真地听你诉说，在关注你的感受或问题。

此外，如果孩子坏脾气的性格已经形成，父母想改变孩子，第一可以采取冷处理方式，在其发脾气时故意忽视不理，让他慢慢冷静下来。第二可以选择适当的方式让他发泄出来。如通过交谈帮助他把怒气宣泄出来。

那么孩子发脾气的时候，父母应该做什么，父母怎样帮助自己的孩子缓和他们的心情呢？看看下面的几点方法，希望能对家长们有所帮助。

（一）理解、爱护孩子

当孩子发脾气的时候，父母应该用温和的语言开导孩子，让孩子知道大人了解他的感受。大人还应告诉孩子，生气时能干什么，不能干什么，允许孩子以恰当的方法发泄消极的情绪。如：痛哭一场、跺脚、敲打枕头、画一幅表达愤怒的图画，大声说“我很生气!”等。这样发泄出来有益心理健康。父母还要告诉孩子生气时不能丢玩具、打人、向大人发脾气。这样做可以帮助孩子在发怒时找到自我解决问题的好方法，帮助他们将自己的情绪处理得井井有条。

（二）转移孩子的注意力

孩子的注意力很容易被新奇的东西、事情吸引。如两个孩子为争夺一件玩具而生气、大哭，大人可拿玩具给其中一个孩子，或将其中一个孩子带到别处玩。这样孩子的注意力被转移到别的事情上，问题就会容易解决了。

（三）帮助孩子提高抗挫折能力

大人要告诉孩子，世界上不会事事都让自己满意，一个人总会遇到这样或那样的挫折，生气是没有用的，要有意识地控制自己的情绪，保持冷静。想要丰富孩子的精神世界，大人可以带孩子郊游，扩大知识面；带孩子登山，锻炼孩子的毅力，尽早帮助孩子形成坚毅、开朗的良好性格。

四、重在沟通

在家庭教育中，父母与孩子之间的思想沟通尤其重要，甚至可以说，思想沟通是家庭教育的先决的、必要的条件，是开启成功之门的金钥匙。思想沟通的成功与否直接关系着家庭教育的成与败。

有很多父母从不和幼儿期的孩子进行交流，他们企盼孩子事事听自己的，总是要求孩子做什么，而不是让他从内心明白为什么这样做。

如果在孩子还小的时候，父母就有意识地建立与孩子间的这种和谐交流的关系，孩子内心的大门就会对父母敞开。

这种和谐的关系是否能成功建立取决于父母是不是尊重自己的孩子。当父母与孩子的意见不统一的时候，孩子们总是无意识地观察父母的反应并把对父母的印象记在脑海中。孩子有自己的思想世界，有些孩子从小由于某些原因没有和父母在一起相处，或者没有那种经常交流的习惯，那么他们内心的这扇大门有可能永远对父母关闭。

如果父母劝孩子抛弃他们的思想，而试图用自己的思想来改变和填充他们的头脑，试图塑造孩子的性格、头脑、品质，这就是专制。父母不是不能影响和引导孩子，但是不能强迫孩子。并不是你说的没有道理，或者他没有听懂你的道理，孩子的不听话、反抗，有时就来自于对这种专制的对抗。

做父母的其实早就应该懂得，每一个孩子都有自己的个性，每一个孩子都会对他遇到的事情作出不同的反应，每一个孩子都在努力塑造自己。

父母的责任是引导孩子，他们需要时时审视自己是怎样引导孩子的。要正确引导孩子，应对孩子进行细致地观察，了解他们的行为目的，情感愿望，这样会对他们的行为有更深的理解。做到这个并不难，因为孩子们从幼儿时期起，就在无拘无束地表达自己。如果父母总在批评他们，教训他们，告诫他们，挑他们的毛病，他们就会产生苦恼，认为父母不爱他们，讨厌他们，和父母之间有距离，这样的话，慢慢地，父母与孩子之间交流的大门就关上了。

如果父母们能接受孩子的一切思想，与他们一块讨论，研究可能的发生的结果，经常问“那样的话将会有什么发生?”“你会有什么感觉?”“别人会有什么感觉?”这样的话，孩子在遇到人生疑难的问题时，孩子就会想到他有同伴。问问题是交流思想的好办法。许多人在他成年之后，仍然认为最好的朋友就是他的父母，因为和父母的交心使他受益匪浅。

想要培养出行为端正、彬彬有礼、品格良好的孩子，父母需要付出努力和耐心。父母在教育孩子时，想要知道什么是对孩子有益的事情，这就需要与孩子进行沟通。因此，父母与孩子良好的沟通，是非常重要的。

五、与孩子平等地交流

交流，不仅指父母与子女之间的沟通，也是指他们彼此之间的平等相待。

曾有一个调查显示，20.1％的独生子女与母亲天天交谈，其中非常愿意与母亲交谈的比例为48.5％；有15.1％的独生子女天天与父亲交谈，但非常愿望与父亲交谈的比例为43.8％。从这个统计可以看出，父母与独生子女的交流不够充分。所以，我们做父母的一定要抽出时间，多与孩子交流。

1．挤出时间与孩子交流

现代生活的快节奏，让你在不知不觉中度过每一天，不得不把与孩子交流、沟通的想法置之脑后。这里应该说明的是，不是有语言才能达到交流沟通的目的，而且并不需花多少时间。比如抚摸一下孩子的脑袋，拥抱孩子或是亲吻孩子，这同样能表达出你的观点、思想与感情。千万不要吝惜这些动作。另外，只要你把与孩子交流当作一件重要的事，再忙也是会挤出时间来的。时间像海绵里的水，只要你去挤，它总是会有的。

如莎莎的父亲每天在晚餐后，都要拉着莎莎去散散步，互相谈一谈白天的所做所想及所闻。一到周末，他们在一起的时间更长，他们一起游戏，还一起做家务。

2. 倾听孩子的心声

现在许多家里，总是能听见父母对孩子的教育、唠叨及指责。孩子的话，父母是否认真听过呢？有一项研究表明，许多父母在一周之中，听孩子说些什么的时间不到 30 分钟。所以说，现在我们缺少的不是对孩子的教育，而是缺乏双向沟通，尤其是孩子和我们之间的沟通。这里我想问父母几个问题：你在听孩子说话时，能专心致志、全神贯注吗？在孩子说话时，你是否有一股急于想要打断孩子说话的念头？或者是急于另外找一个话题来与孩子交谈呢？你是否倾向于用说教、训斥之类的方式贯彻谈话的始终？可以说，上述这些问题普遍存在于家长与子女的交谈之中，有的问题可能还相当严重。

很显然，父母如果要想把握孩子成长的脉络，随时准备好倾听孩子的心声是必要的。你的孩子在成长的过程中随时都会因为遇到问题、挫折而感到失望，这时他希望你倾听他的诉说，并能提供支持与安慰；同样，他也会遇到喜事而欢乐，这时也会希望你倾听他的心声，同时分享他的快乐。但如果你只在孩子极度忧伤的时候，才努力让自己去听孩子的讲话，显然这是不够的。你应该安排专门时间作为你与孩子的专属交流时间，最好是孩子话特别多的那个时间，当然，你也可以另外安排时间，例如晚餐后与孩子一起散步的那段时间。

3. 掌握与孩子说话的技巧

大多数时间里，父母跟年幼的孩子讲话，多采用训斥、说教、批评和命令的口吻。这也说明了为什么小孩子不愿意听父母的话。简单粗暴的话往往让孩子对你止步，不仅不想听你讲话，也会不再想跟你谈论他感兴趣的事情。所以说，跟孩子谈话，不要总指责孩子的不是。你也可以跟孩子谈些有趣或令人快乐的事，谈论一些日常生活经验以及你对某些事情的想法。

值得注意的是，大人跟小孩子交谈同跟大人交谈是不同的。你如果想要使你的谈话有成效，就必须先提醒自己，你的谈话对象是个孩子，他在很多方面都近乎无知，同时，他又是一个有着自己经验及思想的独立个体。因而你说话的方式及态度都应与孩子相匹配。

父母与孩子说话力求简短。孩子的注意力是很容易转移的，你一定要在孩子的注意力转移之前停止你的谈话。有专家认为，你在进行某一说明时，应在 30 秒内结束一个重点，并且要孩子做出反应，提出他的看法。另外，跟孩子讲话应多使用简单而具体的字词，尽量少用复杂、抽象或过长的句子。

另外，父母与孩子坦诚相待也是良好沟通的一个重要方面。你应该让孩子了解你的内心，不要让孩子觉得你很神秘、高不可攀。你可以通过谈话来表达你个人的需要、弱点和你对某些事情的看法，可以告诉孩子你最喜欢的是什么，最厌恶的又是什么。只有这样，才能让你的孩子更信任你，并拉近你们之间的距离，千万不要认为在孩子面前暴露出缺点将损害你与孩子之间的交流与沟通。

与孩子民主、平等的交流，很容易让孩子感觉到自己已经是一个大人了，自己已经和成年人有平等的发言权和自尊心了。而这种感觉，是儿童从心理上长大成人的标志。

六、舍得对孩子放手

每一代人有每一代人的幸福，孩子有自己的命运，父母总是希望为孩子铺平前进的道路，但是父母无法陪孩子走完一生。所以，父母不如及早让孩子做自己命运的主人。自立的孩子，才能为自己的人生负责。坐享其成是人生中最糟糕的事，使孩子没有机会去经历他们自己的成功和失败，因为真正的幸福来自于自己的努力。父母应该把自主权还给孩子，因为，那本来就是属于他们自己的权利。培养自立的孩子，还需要父母舍得放手，让孩子自己掌握他们的命运。

一个朋友给我讲述了这么一件事：

每次登黄山，我都会流连忘返。那云海，那劲松，那奇石，那飞瀑，那山花，那流泉，无一不让人梦萦魂牵。

而这次登黄山，使我感慨万分的却是一对雄赳赳的父子。

上山途中，父亲对儿子说："再苦再累也要自己上，我一定不帮你！"奶声奶气的儿子则挺了挺胸："再苦再累也不许你帮我——咱们说好了的！"

即将登上天都峰顶的那段路是最为困难的，我亲眼目睹了这对父子发生的故事。

先是儿子摔倒了，父亲伸手要扶他，满头大汗的儿子摆摆手，拒绝了。可他毕竟摔得挺重，他摇摇晃晃地很难站稳，父亲又想伸出手扶他，却又毅然地把手收了回来。

我怦然心动，仿佛看到了一道父亲与儿子绘出的最美的风景！

父子俩一步一个脚印，就这么勇敢坚定地向前走。终于，他们登上了天都峰。

山很高，白云就在我身边飘，仿佛撕一片就是擦汗的手绢儿。在呼啸的山风中，我对那深深的父爱肃然起敬。我当然也相信那个奶声奶气的孩子，他肯定能长成一只真正的"鹰"。

此时此刻，我也明白了一个道理，只有把孩子交给磨难，才是真正理智的爸爸应该做的。

这位父亲深谙这个道理。

自立的孩子，还需要父母舍得放手，让孩子自己掌握自己的命运。

七、怎样对待孩子的过错

一般人认为，孩子犯了小错可以不问，犯了大错就必须加以批评，其实正好相反。

教育心理学家多湖辉上中学时曾有过这样的经历：有一次老师发下考试答卷，他发现自己的数学成绩比预想的差得多，心里大吃一惊。他记得考试时，除一道题没答上之外，其他都答得很完整。看完试卷之后他才明白，自己因计算错误丢掉了好多分。老师发完卷子后说了这么一段话："看了你们的答卷，发现你们太马虎了。有的前半部分都对了，最后却写错了答案，还有的把加减弄反了，像这种本不该错的错误太多了，现在，请大家马上把错误改过来，否则将会一错再错。孩子如果养成粗心大意的习惯，后果将不堪设想。"老师这句话的含义是，无意中犯的错，是最容易被人忽视的。

父母管教孩子时也应如此。孩子的判断能力远不及大人，他们时常会犯错误。但是，即使是孩子，也具有区分好坏的基本判断能力，如果犯了严重的错误，内心深处一定会有所察觉。虽然不知原因，他也会自问是否做错了。

虽然意识到自己错了，但一旦有人指出来，人们就会产生反感，并有可能将错就错下去，这点大人和小孩都不例外。就说上高中的孩子吧，一听见家长劝说他们努力用功，有的就会顶嘴说："知道了，别再罗嗦了!”然而，说归说，他们还是不肯用功，有时甚至会故意地跑到外面去玩。

孩子也是如此。即使知道自己错了，如果父母在一旁呵斥，刚刚萌发的反省心也可能会一下子化为乌有，进而产生反感，破罐子破摔。

孩子正处在成长的关键阶段，当孩子遇到较大挫折时，父母当场数落，不如给孩子留下自我思考的机会，等事情过后，再慢慢细问“那件事怎么样了?”“当时觉得很困难吧?”有了反思的机会，孩子才有可能从各个角度去检讨自己，并从中吸取教训。

相反，当孩子犯了小错误，父母就应及时给予批评警告。有时，孩子未必能意识到自己的错误，如果不加以纠正，小错很可能演变成大错。

父母真的动怒，孩子也会认真地接受。很多父母在责备孩子之后，一看孩子垂头丧气的样子，心里就会感到很不安，更何况由于激动说出伤害孩子的话时，更担心会给孩子造成坏的影响。因此，有的母亲反而对孩子道歉，说“刚才妈妈对你的责备过分了，真抱歉”。但这会起到相反的效果，因为父母像这样以道歉来否定自己，会使孩子学会对付父母。父母若是反复这样做，也会被孩子瞧不起，认为批评指责只不过是妈妈一时感情冲动而已。

如果大人真的意识到责备过火了，也许会说“我批评过火了，很抱歉”，但此时要附加“可是”来说明批评孩子本身是对的，要让孩子认识到这一点。

父母责备孩子之后与孩子的交流，直接关系到批评教育的效果。孩子做了错事对其进行训斥，这是父母的职责。但训斥并非好事，训斥之后的思想工作也非常重要，从事后与孩子的沟通中能看出批评教育的效果。这里举例谈一谈如何做好批评后的思想工作。

三洋电机前副总经理后藤清一先生，曾在已故的松下幸之助手下工作，后来据后藤先生介绍，松下幸之助对部下的责备方法有其绝妙之处。

有一天，松下先生因为后藤犯了点小错误就十分愤怒，他一边用捅炉子的火棍梆梆地敲着地板，一边训斥后藤。可是当他训斥完了之后，马上又把敲弯了的火棍给后藤看，说“拼命地训斥的时候，把火棍弄得弯成这个样子，你能不能给我弄直?”当后藤一把将火棍弄直后，他又笑呵呵地说：“啊，你的手还是很巧的，比原来还好。”松下先生又高兴起来。后藤原本想“让我这样的大男人出丑，我就辞职了吧”，见此情景一下子消了气。

家长不断纠正孩子犯的小错误，才能做到防患于未然。

第三章

这样做，叛逆期的孩子才肯听

一、听懂孩子的“潜台词”

中国人讲话的时候很讲究听别人话里的“弦外之音”，搞懂别人话语中的“潜台词”。“潜台词”只可意会不可言传。当然不光是大人，孩子有时在说话的时候也含有“潜台词”，如果父母能听懂孩子话语中的“潜台词”，那么就可以更好地了解孩子的想法。

现在是物质极大丰富的时代，不论是家长还是孩子一般都把物质当作表达情感的一种方式。其实父母在平时更应该关注的是孩子的内心需求，不要被孩子要玩具或哭闹的表象所蒙蔽。父母应该看着孩子的眼睛，平和温柔地和他说说话，父母细心的话，还要观察一下孩子近期的心理、情绪、饮食、起居，而且只要父母用心了，那么就一定能够听得懂孩子的“潜台词”。每一个父母都可以是一个教育家。

孩子其实是很聪明的，看似他们好像想得并不多，可是在他们的心中总在想一些事情，只是他们有时候并不是直接的表达自己的需求，而是用其他方式来告诉父母自己的需求。如果父母发现孩子不再直接说出他的要求的时候，就要注意了，要想想孩子是不是有其他的意思，是不是真的像他口中所说的呢，还是他另有需求。父母如果听得懂孩子的“潜台词”，那么孩子一定愿意和父母好好地进行沟通，父母也可以借此来了解孩子的内心想法。

美美是一个很有个性的孩子，也很有主见，很叛逆。妈妈越是让她去做什么，她就越是不去做，还总是说“我不，就不，偏不”。

美美还会和妈妈赌气，会跟妈妈说：“我不爱妈妈了，我不要你!”如果是别的妈妈听到这样的话一定是气坏了，可是美美的妈妈却不会，因为她很有策略。如果女儿那样说了，她就回答女儿说：“没关系，我知道，你说不要妈妈就是爱妈妈，你说不爱妈妈也是爱妈妈……”

美美对妈妈说：“妈妈，我好热呀，快热死了!”妈妈就明白美美的言外之意是说她想吃冰棍或冰激淋，于是对美美说：“妈妈明白了，你是不是想要吃点凉快的东西?”这样妈妈就获得了女儿美美的认同。

在一个天气很好的星期天，妈妈带女儿外出放风筝。在开始之前，妈妈就对女儿说：“你去操场上放风筝吧，玩得开心点，当然也要注意自己的安全。”美美回答说：“好的，妈妈，可是我要怎么做呢？是玩得开心点？还是注意自己的安全?”

妈妈一听，这小家伙，又出潜台词了——如果允许她开心，她就无法保证自己的安全；如果她必须关注自己的安全，那么她就可能玩得不开心。于是妈妈只好说：“你小心点吧，安全第一，其次才是开心。”

一天晚上，妈妈发现美美在看《乌龙院》，忍不住教育了她几句，希望她专心地学习，以后不要再看这类书，并且还为她推荐了几本她有可能喜欢看的课外书。美美说：“妈妈，你不是说，可以让人心情愉悦的书就是好书吗?”

妈妈一听，这个小家伙，又是潜台词——她的意思是看这些书时，她是快乐的，为什么说它不是一本好书呢？妈妈只好说："你在看这些书之前必须把作业做完。"美美很聪明，她听到的潜台词是：只要我把作业做完，就可以看《乌龙院》，所以马上就去做作业了。

我们真的是不得不佩服孩子的这些智慧，孩子似乎是与生俱来就有这种能力。父母千万不要小瞧年幼的孩子，他们也是很聪明的，父母在听他们说话的时候不要只是单纯直白的理解他们的表面意思，不然很容易误解孩子所要表达的真正意思，这样就会让父母和孩子之间的沟通出现问题。

如果父母发现孩子说话带有"潜台词"的时候，应该感到高兴，还要认真的理解孩子话中的"弦外音"，不要粗暴地对孩子说："有话就说，不要给我拐弯抹角。"父母要知道，孩子懂得说"潜台词"，是一种聪明的表现，这说明孩子已经学会委婉地表达自己的意思了，同样也说明孩子说话的时候懂得考虑别人的感受了。父母应该高兴的表扬孩子越来越会说话了。

父母要学会听懂孩子的"潜台词"。当孩子讲起一件事的时候，不要就事件的本身与他讨论，而是要分析孩子的"话外音"。比如孩子对你说："妈妈，小张去网吧了。"其实他想要说的是他也想要去网吧，只是在试探你的态度，所以你不能说："小张的成绩好，有自控力，去网吧没什么。”父母应该表明对未成年人上网的鲜明态度，对他说出上网的危害。这个时候孩子就会明白你对未成年人上网是很反对的，所以就会乖乖的不去。

有时候看似孩子是在与父母发牢骚，其实他是想让父母理解他的心情和感受。如果父母发现他的意图并且理解了他，那么他就会认为他是被理解的，自然对父母的话听得进去。当孩子说的话不再是直截了当，而是委婉含蓄时，父母一定要学会听懂孩子的“潜台词”，这样你才能更好地了解孩子的内心想法，才能促使你和孩子的沟通更加顺畅。

二、不要伤害孩子的自尊心

孩子的心灵是很脆弱的，它需要父母用心去呵护。永远不要说伤害孩子的话，因为那就像在孩子的伤口上撒盐。父母在和孩子交流的时候，要时刻注意自己的言谈，也许在不经意间，父母的一句话就伤害了孩子的自尊心。这不是危言耸听，孩子的心灵极其脆弱。父母的一句鼓励，会使他们信心百倍；而父母的一句呵斥，也能让他们委靡不振。

在很多时候，父母难免会为某件事情而生气，气头上口不择言，还可能会说出一些使自己后悔的话。这些话可能使孩子的尊严受到极大的伤害。“傻、呆、笨、坏”，如果从父母的口中说出来，会让孩子觉得连父母都这么评价自己而导致自我否定，不仅影响父母与孩子之间的感情，还会打击孩子的自信心，甚至影响他们的人生观，后果不堪设想。

我今天坐了一次718路公交车，一个母亲带着她的女儿上了我做的这辆车，那位母亲坐在我的旁边，女儿和我隔一个座位。

那位母亲不停的教训着自己的女儿，小女孩儿也在反驳着自己的母亲……

母亲生气了，嘴里开始不停的骂她：大人说一句，你顶一句！

小女孩儿听到这话，不再说话了，可能她也察觉到了周围的人们在看她，其实很多人并不是在看她，而是在看她的母亲……

这时候有一个年轻人从后座站起来，从包里拿出了一张纸，写上了几个字。我看着那个母亲还在训斥着她的孩子，虽然站还没有到，但我等不及下车了。年轻人把纸条塞给她，拿起伞，说了句“不好意思”就下了车，回头看：那母亲好像已经沉默，手里似乎刚刚收起年轻人给她的纸条……

那张纸条是这样写的：您好！别在公共场合让您的孩子难堪，这会伤害她幼小的心灵。也许，心平气和的谈心是更好的方法……

几乎没有父母不爱自己的孩子，但怎样去爱、如何去教育却大有讲究。任何情况下，父母都不应该用讽刺、挖苦的语言和方式去伤害孩子。家教成功的父母是深悟“良言”的妙用的，他们善于观察与揣摩子女的心态，然后选择时机有针对性地用“良言”抚慰和温暖孩子。当孩子受到挫折时，说几句话帮他解围；当孩子沮丧时，说几句话鼓励他；当孩子疑惑时，及时用柔和的语言给他提个醒；当孩子自卑时，不忘记用他的“闪光点”燃起孩子的自信心；当孩子痛苦时，设身处地说些安慰的话。

“己所不欲，勿施于人。”对待孩子也是如此。自尊心人人都有，只不过孩子的自尊心更加脆弱，就像一只透明的玻璃杯，虽然美，但很容易碎。生活的琐事很烦乱，总会有不如意的事情，父母千万不要对孩子说一些气话。事情也许还可以弥补，但对孩子的伤害却有可能是永久性的。下面让我们来看看这个例子：

兰兰的父母来自农村，后来通过自己的努力搬进了城市，但生活还是不富裕，都是劳工阶层，每月的收入也只够该月开支，所以给女儿的零花钱十分有限。兰兰在学校里看着同学们有新衣服、新书包，而自己的衣服和书包已经用了很多年了，显得很过时，课间休息时，兰兰想喝瓶汽水也没有钱买，这让她越发感到自卑。她开始讨厌爸爸妈妈，讨厌这个家庭。有一天吃晚饭，她看着桌上仅有的青菜，再也忍受不住，突然向父母大发雷霆：“既然你们没有钱，为什么要生我出来受苦？”父母听后很伤心，但是他们想起自己小时候过的苦日子，安慰兰兰说：“现在我们是穷，但只要爸爸妈妈努力工作，我们的生活就会越来越好。”兰兰听了以后仍然很不高兴，饭也没吃完就进自己房间了。

攀比是孩子的虚荣心在作怪，兰兰的父母在听到女儿的指责和不满后，心里肯定很震惊、很生气，这种情况要是出现在某些家长身上，说不定会大发雷霆。但是，对孩子说气话有用吗？孩子毕竟是孩子，还不很懂事，父母在考虑自己心情的同时，要顾及孩子的自尊，千万不要让自己一时的冲动伤害了孩子的自尊心。所以说，与其对孩子说气话，倒不如冷静下来和孩子倾心交谈。父母要学会克制自己，保护孩子的自尊。这一点兰兰的父母就做得很好，很值得父母去学习。

怎样才能避免对孩子造成情感伤害呢？很多时候，孩子的行为让父母头疼，这个时候父母要避免对孩子的语言伤害并不是件难事。看看下面的建议，希望能对家长们有所帮助：

首先，父母要清醒认识到语言伤害的严重后果，从思想上高度重视，这样才能减少语言的杀伤力。

其次，父母要多用积极的语言鼓励孩子，引导孩子，时时刻刻注意避免对孩子说伤害他们的话，一定要理智，一定要控制好自己的情绪，努力做到和风细雨、循循善诱。

再次，父母一定要掌握批评的艺术，要以提醒、启发来代替指责、训斥。比如父母可以用“我相信你可以做得更好”来鼓励孩子，孩子就会拥有去努力的信心，还可以用“没关系，慢慢来，尽力而为”帮助孩子调整焦虑、紧张的情绪等。

最后，父母要做好自我调整，用平常心看待自己的孩子，根据孩子的生理、心理特点，因材施教。避免说出“你怎么越大越……”“老大不小的了，你还……”“你看看人家……你再看看你”诸如此类的话，因为这些话语都在无形中伤害着孩子。

总之，孩子的心灵是需要保护的，同样的意思不一样的表达方式，就会造成两种截然不同的效果，孩子总是需要鼓励的，过多的消极言辞势必会影响到他们的自尊心和自信心，这一点父母一定要记在心上，体现在行动里。

三、打骂，是最无效的沟通

中国有句古话叫做：“棍棒底下出孝子。”现在许多父母仍然将这句话奉为经典。大多数家长认为，当孩子做出不良的行为时，家长有责任对他们进行惩罚，因为这可以让孩子有所醒悟。

其实，棍棒教育就是典型的家庭暴力行为的一种，有的大人心情不好时，会莫名其妙地把孩子抽上几鞭子。有人说不打不成器，现在不教育，以后犯了大错就晚了。其实不然，现在的孩子不比以前的孩子，懂事比较早，认识事物也不同于以前的孩子，他们接受新事物的速度远远大于自己的父母和长辈。我不反对惩罚孩子，因为适当的惩罚可以防止孩子走上错误的道路，不过提倡素质教育者反对经常地打骂孩子，因为过多的打骂不仅解决不了问题，反而容易使孩子产生逆反心理。

小雷是一个15岁的农村少年，在邻居眼中一直是一个乖孩子。由于家境不好，加之小雷的学习成绩一直也不是很理想，他的父亲经常借酒消愁，一喝醉酒就以他学习不努力为由而打他，小雷经常被打得遍体鳞伤，而父亲酒醒了以后，又好像什么都没发生过一样，完全忘记了他酒醉后的暴力行为。久而久之，小雷对父亲就产生了一种恐惧，随时都害怕父亲会喝酒，害怕被打。

小雷说："我经常都会恐惧，害怕半夜里爸爸喝酒回来会把我从被窝里揪出来打，我常常都不敢睡觉。"由于害怕挨打，他多次试图离家出走，但是由于他年纪小，而且性格又内向孤僻，所以都没有出走成功。

终于，在2004年年初的一天，爸爸又一次喝醉了酒，又以小雷学习不好为由殴打他，小雷终于不堪忍受，彻底爆发了，他操起了水果刀，刺向了爸爸的胸部，没想到这一刀却要了爸爸的命。现在的小雷很后悔，每一次妈妈去少管所探望他的时候，他都会哭着向妈妈解释："我没有想到这样做会杀死他，我当时只是想反抗一下，只是想制止他继续打我，我不是故意的。"妈妈是谅解他的，可是在小雷的脑海里，将永远烙下了痛苦的印记。

上面案例中家长的行为过于极端，家长与孩子相比，在体力上占绝对优势，他们随便一巴掌，对孩子来说都是巨大的打击。他们根本就没考虑到这种暴力行为会给孩子的心灵造成多大的伤害，更没想过要通过平等对话、沟通等途径让孩子真正的想法得到释放。他们只是一味地暴打孩子，和孩子之间的沟通早就失去了平衡，孩子长期处于这种环境就会形成精神压力，这样会使孩子因为怕挨揍而成为驯服的羔羊，性格因此变得孤僻、懦弱、自卑；或者是激发出了他们的逆反心理，变成桀骜不驯、破坏性很强的人，这不仅不利于孩子的教育，更是对孩子的健康造成了严重的影响。

家庭教育专家指出：孩子是家长最珍贵的宝贝，但也是一个独立的个体，不是家长的私有财产，不能任由家长处置。即使家长含辛茹苦地把他抚养长大，供他衣食住行，帮助他上学成长，家长也无权实施“棍棒教育”。打孩子不仅不能解决问题，还会造成新的心理问题。在爱中长大的孩子，学会了仁慈；在皮鞭下长大的孩子，只会产生仇恨。孩子有时的确会惹家长生气，但很多时候，孩子的错误是无心的，用爱作基础，赞美和鼓励作阶梯，辅以耐心、宽容，孩子才会给家长最好的回报。

希望家长们能引以为戒，平时多和孩子进行心灵上的沟通，多了解孩子的内心世界，在孩子犯错的时候能平心静气地和孩子一起分析错误的原因，然后引导孩子向正确的方向发展，学着和孩子一起长大！

所谓学习障碍，就是阻碍你学习知识、提高学习成绩的各种内在或外在的不利因素。成功的父母既是孩子的家长，更是孩子的朋友；既是孩子的“严师”，又是孩子的知己。

四、与孩子商量，而非命令

商量，不是简单的迁就，而是父母与孩子对话、沟通、相互了解，形成双方可接受的意见或办法；商量，不是父母发号施令，而是真正地把孩子当作一个人，更当作一个孩子来对待。商量，使每个问题都能通过平等民主的办法解决。

随着孩子年龄的增长，子女在喜好和兴趣，甚至交友等诸多方面的看法都会与父母有分歧。这时父母对子女的一些喜爱与兴趣绝不能简单地禁止。而应在充分尊重子女的前提下与子女商量，以求得共识或找出正确解决的途径。美国成功学家卡耐基说过，用“建议”，而不下“命令”，不但能维护对方的自尊，而且能使他乐于改正错误，并与你合作。

有个妈妈曾经这样回忆：

记得儿子二岁那年，我为了养家糊口，为了能够全身心的投入工作，我把他送到乡下奶奶家。在那以后的日子里，我们母子俩只有一个月才见面一次。每当我们见面时，儿子就说：“妈妈，我们说说话吧。”有一次他哭着向我说：“妈，我知道你忙，没时间陪我，可你能不能把我送去上幼儿园呀？这样我们就可以天天见面了。”我鼻子一酸。第一次学着与儿子商量：“儿子，妈何尝不希望天天与你见面？听你讲幼儿园的事呢？可是，你爸老是出差，妈妈还要上夜班，何况妈妈的工作又是挺严格的，来不得一点粗心大意。这样做，你晚上一人在家，爸妈都不放心的，因为你还小。”儿子听懂了，点点头说：“那我就在奶奶家呆着吧，你们就不用担心了。”

然而，真正感觉到“商量”的魅力是在儿子上中学以后。有一次，儿子同学过生日，他提出去那同学家住一晚，我没同意，我的理由是，老师说了，不让同学到别的同学家过夜。当时，我们谁也没有说服谁，儿子也没有再坚持。过了一会，儿子忽然问我：“妈，当你做了一桌很丰盛的菜，可客人临时说有事来不了，你会是什么心情？”“那我当然会伤心的。”我坦白的说，“这就对了。”儿子一拍大腿说：“你想想，人家的妈妈听说我们要去，把晚饭都准备好了，屋子也收拾了，可我们又不去，人家不是白准备了吗？也一定会伤心地，你说是不是这个理？”“道理是这样，可学校开家长会说了，有几个学生去别人家过夜，家长们有意见，所以不同意这样。”我再一次提出反对的理由。“那几个同学是事先没和家里商量好，让家长着急了，家长当然反对了，我这不是和你商量吗？”儿子耐心的解释说。

两代人的沟通，最重要的是相互理解、相互尊重。而实现相互理解、相互尊重的方法是——学会商量。商量，能使家庭关系变得和谐；商量，能使孩子感受到大人的尊重，从而使孩子懂得尊重别人，并学会用商量的方式去对待父母和他人。

每个孩子都是有自尊心的，家长要孩子去做某件事情，可用商量的语气，让他明白：他跟你是平等的，你是尊重他的。

比如，你想要孩子把地上乱丢的玩具收拾整理一下，你可以这么说：“星星，乱丢玩具是多么不好的习惯啊，你跟妈妈一起把玩具收拾一下好吗？”千万不要用命令的语气说：“你怎么搞的，玩具乱丢，快点去收拾好！”孩子听你责备，心里就会产生反感，即使按你的要求去做，心里也是不开心的。

商量的魅力在于，使自己学会从别人的角度思考问题。两代人的沟通，最重要的是相互理解、相互尊重。而实现相互理解、相互尊重的方法就是学会商量。

人与人之间的商量非常重要。商量能够让人感觉到受尊重。根据马斯洛的需要层次理论，受尊重的需要是人类较高层次的需要。一旦这种需要无法获得满足，人就会产生沮丧、失落等负面情绪。孩子也是如此，他们也有被尊重的需要。如果父母喜欢与孩子商量，孩子就会非常乐意与父母交流，反之，孩子则会产生逆反从而封闭自我。

有些父母能与孩子说得眉飞色舞、热火朝天，有些父母却很少与孩子讨论什么。他们与孩子说话，往往说上个三五句，孩子不耐烦，父母也没词了。这些父母也很着急：为什么我们就不能和孩子深入讨论呢？家长如果掌握下面一些诀窍，在实践中好好摸索，相信与孩子“越说越投机”不是什么难事。语气温和而有耐心，冷静平和的态度，温和而充满爱意的语调，轻松愉快的氛围，这些都是鼓励和引导孩子把话说下去的要素。父母在与孩子交谈时，绝对不能失去的是耐心。耐心地倾听孩子讲话，用温和轻柔的语调和他谈话，努力抓住孩子情感和兴趣的“激发点”，这样来引导孩子讲话，必然会取得较好的效果。

英国教育家斯宾塞说过：对孩子要少下命令，命令只有在其他方式不适用或失败时才用。要像一个善良的立法者一样，不会因为去压迫人而高兴，而因为用不着压迫而高兴。孩子虽然小但是他也是独立的个体，家长有什么事情不妨跟孩子商量商量，这样能养成他们独立自主的好习惯，锻炼他们行为果断遇事干练。只有这样孩子才会不断进步，他们才会健康成长，家长才会安心。

五、给孩子自己做决定的权利

一天，学校已经放学很长时间了，亮亮才带着一身泥土回到家。爸爸非常生气地问他：“怎么这么晚才回来？身上还弄得这么脏？”

看到爸爸不高兴，亮亮有点害怕了，怯怯地对爸爸说：“下午学校足球队选拔队员，我去参加选拔了。”

“什么足球队？谁让你参加足球队了？你经过我同意了吗？”

儿子竟然自作主张，这让爸爸更加生气了。

“是我自己要参加的，好多同学都报名了，我……”

“这绝对不行！成绩那么差，还有心思参加什么足球队，你要敢去小心我打断你的腿！”亮亮还想为自己辩解，却被父亲的怒吼打断了。

后来，亮亮只好放弃了参加足球队的选拔，但是他的成绩也并没有好起来，反而比以前更差了。因为自己的爱好得不到父母的支持，亮亮逐渐对学习也失去了兴趣。

父母总是习惯于把“选择权”和“决定权”牢牢地把握在自己手中，不是强迫孩子放弃自己感兴趣的事情，就是逼着孩子做他们没有兴趣的事情。这样做的结果只有两个：一是让孩子变得胆小怕事，遇到事情只会依赖父母，听从父母的意愿和决定，根本没有自己的主见；二是很容易引起孩子的逆反心理，跟父母较劲，什么事都和父母对着干，你让我朝东，我偏要向西，从而在父母与孩子之间出现了“代沟”。

因此，当孩子决定做一件事情的时候，作为家长，应该给他们最大的信任和支持。不要把自己的感情和观点强加到孩子身上，要信任孩子，相信他们的选择和决定。即使孩子最后失败了，相信孩子也能从中得到深刻的经验和教训，为自己以后的成长打下良好的基础。

曾经有一部非常受欢迎的美国家庭喜剧——《成长的烦恼》，相信很多孩子和家长都看过。剧中有这样一个情节：一天，刚上中学的小儿子本恩做出了一个让人大吃一惊的决定——他要做“清新小子”乐团的经纪人！本恩发现“清新小子”乐队很有潜力，于是萌生了做他们经纪人的想法。可他遇到一个问题：要做“清新小子”的经纪人，必须拿出2000美元投资。

本恩没有钱，于是他把自己的决定告诉了父亲杰森，并劝说杰森做自己的合伙人。听了本恩的决定后，杰森虽然非常吃惊，但他还是支持本恩的决定，并同意拿出2000美元作为投资。

后来事情的发展却并不顺利，杰森认为本恩根本不懂如何经营乐队，于是不顾他的想法，处处控制他，这让本恩无法忍受，于是结束了和杰森的合作。后来，本恩找到他的邻居作为合伙人，并在转让乐队经纪权中一次性赚了24000美元，这让杰森大吃一惊。

杰森无疑是个优秀的父亲，当孩子做出一个让大人吃惊的决定时，他以实际行动支持了本恩的决定。但他还是犯了一个很多父母常常会犯的错误，那就是没有完全信任自己的孩子。

我们应该欣赏孩子，应该相信孩子，相信他们的判断力和办事能力，给他们选择和决定一件事情的权利。让孩子自己去选择和决定，会让他们对事物产生更加深刻的认识，从而更加坚定自己的信念和决心。即使以后遭遇挫折和失败，他们也能认真总结经验、吸取教训、勇于承担责任，而不是一味地怨天尤人。

张磊是从农村出来的孩子。十几年前，在他中考时，有两个选择摆在他面前：一个选择是读高中考大学，另一个选择是上中专参加工作。如果选择高中，意味着他还要苦读三年，并且以后能否考上大学仍是个未知数；而选择中专，则是一条跳出农村的捷径。当时，他的父母非常开明，果断地把这个决定权交给了他。

后来，他选择了中专。直到毕业以后走上工作岗位，他才发现一个小小的中专学历早已跟不上时代的发展，知识的匮乏让他在工作中举步维艰。为此，他十分苦恼，但这是他自己的选择，所以他并没有怨恨，而是暗下决心，迎头赶上。后来，经过自己的不断努力，张磊不仅拿到了自学考试的本科文凭，而且在工作上也小有成就。

有机会让孩子自己做选择、做决定，这是欣赏孩子、尊重孩子的体现。当孩子选择了一件事情，决定去做的时候，家长不能用成年人的思维方式去禁锢孩子的思想。应该支持和鼓励孩子到实践中去感受。这种对实践的体验和感受对于孩子的健康成长，以及培养他们自立自强的意识非常重要。

人的一生总会面临很多选择。如果一个人从小就被家长有意识地培养具有自己选择和把握机会的能力，那么在以后的人生道路上，他就有可能不断抓住机会，走向一个又一个成功。相反，如果他从小凡事都靠父母替他选择和决定，久而久之，便没了主见，当他离开父母独立进入社会后，就很难做出果断而正确的选择，即使遇到机会，也只能放弃。

让孩子自己决定，并不是让父母推卸责任，而是培养孩子的自主能力和责任意识，让孩子逐渐成熟起来。在生活中，父母不要让孩子一味地服从父母的决定，要让孩子用自己的想法来选择或取舍事物，让他有自己决定的机会，孩子在决定事物的过程中，可以锻炼自己肩负责任的自主性与积极性。

想要培养孩子具有自信、坚韧、负责的优良品质，父母应该做到以下几点：

(1) 当孩子通过自己的观察思考，对某件事情做出选择和决定时，父母应该给予热情的支持；

(2) 当孩子的想法和决定有明显的不足和纰漏时，父母要心平气和地给孩子提出合理建议并加以指导；

(3) 如果孩子的决定确实不合理，父母应该耐心地分析原因，让孩子主动放弃错误的想法，而不是简单粗暴地用父母的权威压制孩子；

(4) 当孩子通过观察和思考对一件事情做出决定时，父母应该说："我们支持你的决定！"

(5) 当孩子为了自己的决定而努力时，应该鼓励孩子，并及时把你的鼓励传递给孩子："继续努力，你一定能成功！"

(6) 当孩子面对选择而犹豫不决时，作为父母，应该鼓励孩子自己决定，并明确地告诉他："孩子，这件事情由你自己决定！"

六、巧妙批评，让孩子更容易接受

孩子小的时候会经常犯错，这时候父母往往会批评孩子，帮助他改掉不对的地方，但是批评的过于严厉就会伤害到孩子的心，批评不严厉，又怕达不到真正的效果。其实，父母的批评是一门学问，更是一门艺术。

孩子在成长过程中难免会犯一些错误，学习如何批评孩子可以说是所有父母的必修课。父母如果不分时间、地点，采用不适宜的方式批评孩子，甚至把批评变成对孩子的情感虐待，就有可能造成孩子自卑、孤僻的性格，激起孩子的逆反心理，引起孩子和父母唱对台戏，与教育初衷背道而驰。但是父母批评的过于温和，又怕孩子会不往脑子里去，还是犯同样的错误。那么究竟该怎么做呢？批评孩子是要讲方法的。只要父母把批评的方法运用得恰到好处，就一定能够达到令人满意的效果。

著名教育专家关鸿羽教授指出，批评是一种负强化法，家长在批评孩子时如果不讲究方式、方法，结果只能是“家长出了气、孩子不服气”，起不到应有的教育效果。的确，家长通常采取的批评方式很有问题：唠叨、生硬、严厉，结果是父母越批评，孩子越皮，反弹力越大，越对着来、顶着干。最后搞得父母筋疲力尽，却收效甚微，甚至适得其反。

小陶是个淘气的男孩，经常惹祸。母亲每次都气得大喊大叫，甚至抡起藤条抽打他，他当时疼得嗷嗷直叫，哭天喊地，但是过后就把母亲的话忘得一干二净，所以母亲的批评总是收效甚微。

有一次小陶偷了商店的玩具，差点被商家送到警察局去。幸亏母亲及时赶到，连忙向商家道歉，说服店主再给小陶一次机会，商家这才放手。

回家后，小陶料想等待自己的一定会是一场狂风暴雨，可是妈妈什么也没说，只是让他回自己房里去。当他无意中到厨房拿水，发现母亲正独自一人，呆呆地坐在厨房的椅子上，满脸的忧伤和疲惫。这一场景，让小陶如遭雷击。虽然没有任何语言的指责，却让小陶一下子想起妈妈日常的操劳，抚育他的辛苦。从此以后，他痛下决心，改过自新，努力学习，做妈妈的好孩子，再也不让妈妈为自己操心了。

如果孩子经常处在家长的打骂和训斥之中，就会变得麻木，而且还会产生这样一种的想法：“反正我是坏孩子，那就坏下去吧。”父母的训斥、打骂没有起到有效的作用，反倒筑起一堵高墙，阻断了家长与孩子之间的亲密关系和感情交流，孩子还小，想让他站在家长的角度考虑问题，是需要家长有效地引导的，家长一味的打骂只能增加孩子对大人的仇恨，他们很容易这样想：“反正你们不爱我，所以我也不需要你们来管教。”

而与之相反，如果关键时刻用沉默代替语言，实际上是对犯错的孩子进行的无言的谴责。在这个沉默的空间里，孩子卸除了对大人的防备，有了很大的自我感受和思考的空间，就像故事中的小陶看到妈妈疲惫不堪的样子，孩子受到了强烈刺激，迫使他回想自己的所做所为，对父母的痛心和难过产生了深切体会。一旦孩子能站在父母的立场思考问题，许多冲突就可以迎刃而解了。

其实，批评未必要义正辞严，未必要话中带刺，更不能以泄愤为目的讽刺挖苦、翻旧账、算总账。批评的目的是为了使孩子丢弃坏毛病，养成好习惯。因此，家长尽可能采取灵活的方式来批评孩子。那么究竟家长应该怎样指正孩子的错误，怎样掌握这门批评的艺术呢？下面就介绍几点最值得家长注意的事项，希望给家长们有所帮助。

（一）批评孩子要注意时间和场合

父母尽量不要在清晨、吃饭时、睡觉前批评孩子。在清晨批评孩子，可能会破坏孩子一天的好心情；吃饭时批评孩子，会影响孩子的食欲，长此以往会对孩子的身体健康不利；睡觉前批评孩子，会影响孩子的睡眠，不利于孩子的身体发育。最关键的是，父母批评孩子最不应该在公开场合，因为这样会伤害到孩子的自尊心，使他丧失自信。

（二）批评要合理

合理的批评才能使孩子从心理上接受，才有可能纠正孩子的不良品德、不良行为。想要让孩子心服口服，就要讲道理，所以在批评之前，首先就要把孩子的不良行为事实搞清楚，不要夸大，也不要缩减，有一说一，有二说二。有些父母在批评孩子的时候之所以会遭到孩子的反抗，甚至让孩子产生不满，就是因为父母批评的理由不充分，甚至夸大其词，使孩子产生反感，让孩子难以接受。

（三）明确批评的目的

批评的目的是为了纠正孩子不良行为、不良品德、不良习惯或不良学习态度等。为了使批评能够达到目的，父母在对孩子进行批评时一定要向孩子讲清楚不良行为、不良品德、不良习惯与不良学习态度的危害性，使孩子感到非常有必要改正这些缺点和错误，使孩子感到父母批评自己的目的确实是为了自己好，是为了自己能够更快地进步。

（四）话要说在点子上

父母的批评要有针对性，就事论事。然而，有些父母批评孩子却不是就事论事，而是东拉西扯算旧账，把上星期，甚至一年前、两年前孩子的过失都放在一块儿算。这样就混淆了要批评孩子的主题，孩子不知道挨批评的重点是什么，也不清楚父母让他改正什么，这也不是，那也不是，总是有缺点，容易使孩子产生消极情绪，失去信心。

批评孩子是一门艺术，因此，我们每个做父母的，都应该努力去学习、去探讨这门艺术，以便让我们对孩子的批评能有的放矢，如春风化雨般滋润孩子的心田。孩子需要批评，因为只有批评才能让他们少走弯路，但是孩子不需要训斥，因为训斥会让他们丧失尊严，训斥和批评不能划等号，家长们一定要在他们中间划清界限。

七、不要一味指责孩子

如果家长总责备孩子，任何孩子都会产生反抗的心理。正如能力法则所确定的那样，若给孩子以反复的刺激，就会使孩子逐渐形成“反抗”的能力。例如，常用烈性药物，细菌就会迅速产生抗药性，不久这种药就会对细菌完全不起作用。同样，父母对孩子越是一味地责备，其反抗心理就越强，最终父母还是以屈服于孩子而告终。

我们现在的家长有一个通病。孩子在遇到困难时，老是不停地念叨，不停地指责。孩子学习不好，父母就会在旁边念叨：“你要努力，你要努力。”“你怎么不好好学！”“你看人家多努力！”如此循环往复，不停地在孩子耳边说。最后，家长口干舌燥，问题也解决不了，孩子情绪也受影响，更没有心思学习。

所以，孩子在遇到困难时，遇到挫折时，家长千万不要指责孩子，而要采取具体的措施帮助孩子逾越这个困难，使他战胜自己，重新找到自信，让他勇敢地跨越过去，这是做父亲做母亲的应该做的。如果父母连这一点也做不到的话，这对孩子的发展很不利。

我在和一些家庭的接触中，经常听到有些妈妈这样说孩子“我这个孩子，一点都不争气，学习不用功，在家里做作业慢吞吞的，一点上进心都没有，从来没有见过这样的孩子，我怎么有这样一个孩子。你看你们班的某某同学多好，学习用功，学习成绩又好，学习上一点都不用父母操心，我到底该怎么办啊？”有个学生曾经委屈地向别人倾诉，他每天一进家门，妈妈就开始唠叨：“儿子啊，你一定要好好的学习，你看你们班某某同学，学习比你强多了，他妈妈和我在一个单位，你学习不如他，在班级孩子中的威望也不如他，我在单位里都抬不起来头，你一定要有出息，妈妈的希望全寄托在你身上了。”这个孩子说：“我现在都不知道怎么做妈妈才能满意。”

我们的家长要了解自己的孩子，多鼓励孩子多看到孩子的进步让每个孩子都有良好的心态面对任何事情。其实每个孩子的能力不同，起点不同，导致孩子表现各不相同，十个手指有长有短，孩子的表现怎么可能整齐划一呢！

人常说，孩子好象树苗，随着树苗的长大长壮，树干上会长出好多斜叉，需要园林师帮他修剪。孩子的成长也如此，随着年龄增长，孩子的坏习惯、坏毛病越来越多，需要我们大人及时发现，帮助孩子纠正。试问，又有哪些人能比父母更了解自己的孩子呢，又有谁能用最恰当的方式来教育自己的孩子，既不伤害孩子，又能很快让孩子改正错误呢？答案肯定是父母。

孩子是父母的一面镜子，父母每天都努力用最完美的方法教育孩子。当着父母的面指责孩子，无异于在指责他的父母。如果孩子委屈地哭了，要知道，他的父母也有可能会跟着流泪。

孩子是父母的骄傲，父母会用毕生的精力去教育孩子，孩子进步也是父母能力的体现，有人当着父母的面指责孩子，无异于是对父母的能力、孩子的努力进行否定。如果父母愤怒了，一定是怕别人的夸大其词挫伤孩子的进取心。

丹丹是个普通的女孩儿，上学的时候很少有人会注意她，她不爱说话，成绩一般，然而丹丹的妈妈却很希望自己的女儿出类拔萃，就这样，妈妈给丹丹请家教，报训练班，忙得不亦乐乎，可是丹丹的学习还是老样子。

一天妈妈终于沉不住气，大声地对丹丹嚷道："给你花了那么多心思，还是老样子，你就不能用用心吗？你看人家苗苗妈妈多省心，人家也没像我这么累，女儿的成绩还这么好，你到底要让你妈妈怎样啊？成绩老是老样子，在家长堆里都让你妈抬不起头来。"

听了妈妈的话，丹丹委屈地流下眼泪，其实丹丹认为自己已经尽力了，也有了一些小成绩，但是妈妈总是觉得她不够好，总是拿苗苗与自己作比较。

从此以后，丹丹更加的自卑了，一到考试就紧张，成绩也没有明显地提高。

看了上面的例子，相信很多妈妈都会有感慨，其实孩子的进步有大有小，妈妈不应该一味地看到孩子的不足，而忘记了孩子的优点，其实如果妈妈拿出耐心鼓励一下丹丹，多与她聊聊，体会一下孩子的思想，说不定丹丹很快就进步了。

其实，孩子的学习成绩有好有环，用孩子的学习好坏来衡量一个孩子是否出色未免有些偏激了，如果父母，总在孩子面前说别人的孩子是天才，别人的孩子是金子，虽然目的是激发自己孩子的上进心，结果往往都是事与愿违。当孩子看到家长把别的孩子夸的那么好，而自己却一无是处时，孩子会表现出明显的抑郁，既影响健康，还会产生厌世情绪，甚至会伤害自己或他人。所以家长应该善于挖掘孩子的优点，并告诉他自己因为有他这样的孩子而感到自豪，只有这样才能调动起孩子的积极性，才能使孩子放下自卑去更好的成长。

在家庭教育中，孩子需要的是家长的关爱，而不是指责，家长没有必要将自己的孩子与别人的孩子进行比较，因为每个孩子都是独一无二的。当孩子有了小小的进步时，家长应该知足，应该鼓励孩子，只有这样，孩子才能在今后的日子里更快的进步，更好的成才。

第四章

要改变孩子，先改变我们自己

在现实生活中，我们经常可以看到这样的现象：父母常常对孩子要求苛刻，给孩子讲出一大堆道理，而自己却言行不一致，不能在孩子面前起表率作用。其实，父母教育孩子的过程，应当是与孩子相互学习、共同进步、一起成长的过程。因此，父母要改变孩子，首先应改变自己，并且应该树立“终身学习”的理念：“终身学习做父母”和“学习终身做父母”，把自己看成是一节能不断充电的电池。

一、教育孩子先要改变自己

家长若想让孩子有所改变，必须先使自己发生变化，要尽可能地剔除自己头脑里的旧思想、旧经验、旧模式、旧做法，而采用新思想、新模式、新做法。许多家长在对待孩子教育的问题上，肯定有比较定型的做法。有些做法可能是对的，但有些方法肯定是不对的。

如果你的孩子培养得特别成功，孩子的学习能力、思想品德、和家长的沟通情况都特别优秀，孩子到了一定年龄一点都不用你操心，你对他考中学、考大学一点忧虑都没有，对孩子的未来一点忧虑都没有，如果你能完全做到这一点，那么才有可能能说你的家教是合格的。如果你还没有做到这一点，这说明你一定有某些方面做得不合格，你就要想办法做出改变。

作为家长，应该下定决心必掉以下几种不合理的家教方法：

1. 唠叨式。很多孩子说，一听父母唠叨他就烦。做父母不妨自己想想，如果夫妻之间对方总唠叨，那你们烦不烦。丈夫唠叨，妻子烦，妻子唠叨，丈夫烦。因此，唠叨是愚蠢的家教方式之一。

2. 数落式。有的唠叨同时就是数落。比如家长总是数落孩子，你怎么不用功？数落比唠叨更让孩子反感，因为数落常常有谴责性质。数落式家教往往破坏孩子的学习状态，把孩子学习的积极性给打消了。

3. 训斥、打骂式。训斥打骂都可能使孩子产生逆反心理，其结果不仅不会使孩子成绩提高，而且会使孩子更加厌学，甚至逃学。

4. 达标式。规定孩子下次考试平均成绩必须达到多少分，各次要进入前几名，这叫达标式。达标式也是伤害孩子积极性的一种家教方式。家长先给孩子制定了一个标准，使孩子心理上特别紧张，担心达不了标。而孩子往往是越担心越达不到标准，因为心理上的压力使他很难自由发挥，也很难发挥出应有水平。

5. 疲劳式。学校搞题海战术，家长再增加学习时间，学习任务，这就是疲劳式教育。孩子的精力是有限的，超负荷学习会给孩子的身心健康带来伤害，最终只能是适得其反。

6. 陪读式。对于孩子的学习，家长全都替他们操心，问长问短，没完没了地辅导，一天到晚陪着孩子学习，这也是错误的方法。

7. 催促式。“你该做作业了，你该复习了。”这样的催促如果孩子听烦了，他们可能会说：“我本来想学，你一催我反而不想学了。”

8. 愁眉苦脸式。家长老为孩子操心，所以也叫操心式。父母的面孔对孩子是有很大的影响的。一个孩子回到家里，如果面对的是一张数落自己的脸，一张训斥自己的脸，一张打骂自己的脸，一副愁眉苦脸的表情，孩子就会失去在家庭中学习的乐趣。

二、做到言传身教

大多数孩子从小就把父母当作模仿和崇拜的对象，因此，父母的一言一行，一举一动，都容易被孩子“复制”。

父母能以身作则，给孩子做出好的榜样，这是无声的语言，是最有说服力的教育。父母要求孩子做到的，自己首先要做到，父母的威信就高，才能取得教育者的资格。如果父母要求孩子做到的，自己并不做，也不准备做，那么就没有威信，不具备教育者的资格，就没有教育的主动权，教育效果肯定不好。

朱庆澜先生说：“无论什么教育，教育人（即教育者）要将自身做个样子给孩子看，不能以为只凭一张嘴，随便说个道理，孩子就会信的。”特别是在家里，“做父母的，一天到晚同儿女在一起，一举一动，儿女都把你监管着。比如教儿女不要吸烟，父亲就不能吸烟，如果父亲吸了烟，不但叫孩子疑心，还从此不信任父母的话，看不起父母，做出不服父母，不孝父母的事。”

因此，他要求做父母的，“要禁止儿女不要做哪件事，自己先不要去做；要教儿女做哪样事，要自己先去做。”朱庆澜先生把以身作则看做是家庭教育的“根本道理”，“根本方法”，并且断言：“根本法一错，什么教法都是无效的。”这话是很有道理的。

苏联教育家马卡连柯曾经告诫做父母的："你们自身的行为在教育上具有决定意义。不要认为只有你们同儿童谈话，或教导儿童、吩咐儿童的时候，才是在教育儿童。在你们生活的每一瞬间，甚至当你们不在家的时候，都在教育着孩子。你们怎样穿衣服，怎样跟别人谈话，怎样谈论别人，你们怎样表示欢迎和不快，怎样对待朋友和敌人，怎样笑，怎样读报……所有这些对儿童都有很大的意义。"

马卡连柯认为："父母对自己的要求，父母对自己家庭的尊敬，父母对自己一举一动的规范，这正是首要的和最基本的教育方法。"

孩子在启蒙时期，模仿能力很强，可塑性大，父母的一言一行，一举一动会对孩子产生潜移默化的作用。如果父母在孩子眼中的形象是坚强而完美的，那么孩子可以从父母身上获得挑战生活的勇气。

1980 年，以总分第一名考取中国科技大学少年班的施展，他的父母都是浙江省镇海县社办鞋带厂的工人。施展的父亲施文虎每天在劳累的工作之余，晚上都在灯下看书学习，从小学的算术到初中的代数、几何，他边学边做习题，父亲的行为自然而然地感染了儿子，施展也学父亲的样子捧书阅读。尽管家庭物质条件差，但父亲却在无形中培养了孩子爱看书、爱学习的好习惯。

父母对孩子进行教育时，不但要身体力行，还要给予必要的指导，做到言传身教。

晋朝太守刘子真，自幼家境贫寒，勤劳刻苦，具有良好品性，人称“清身洁己，行无瑕玷。”后来，刘子真做了大官，仍能够保持这种艰苦作风，有人讥笑他寒酸，他也毫不介意。

但是，奇怪的是，他的儿子刘夏的品行却不好，竟屡次因贪污受贿而受到制裁。刘子真也因此受牵连，而被朝廷罢官。

乡人们禁不住问刘子真：“您高行一世，儿子却这样，为什么不好好教育他，使他知错就改呢？”刘子真无可奈何地慨叹道：“我的行为他已亲眼目睹，却不能继承。既然如此，跟他讲道理又有什么用呢？”

刘子真的回答听来似有理，但实际上却有推卸责任之嫌。言传身教是一对孪生姐妹，父亲不仅要身教，也要言传，让孩子懂得这样做的道理，身教才会有效地实施，这样的父亲才是一位成功的父亲。

父母还要充分利用家庭氛围，让孩子建立健康的观念。比如，父亲希望自己的儿子将来尊敬妇女，在这方面，父亲可以做儿子的最好范例。

在日常生活中，儿子会从父亲对待母亲的态度中受到启发，他对妇女的评价标准和父亲一样。假如父亲看不起妇女，那么儿子也将看不起妇女。总之，在孩子未长大成人之前，父母是他心目中的榜样，他会毫无保留地跟父母学。

家教圣经

言传身教是父母教育子女、父母自检的好方法，它可以时刻提醒父母，他们的每一个行为、每一句话都将成为孩子学习的对象，为了让孩子的行为语言朝着良好的方向发展，做父母的切不可对自己的言行掉以轻心。

三、冷静面对孩子的挑衅

孩子一天天长大，慢慢有了自己的思想，不再对父母唯命是从，甚至有时会因为一些事情和父母赌气、争论、争吵，甚至是挑衅。出现这种冲突是不可避免的。当我们面对孩子的挑衅行为时，家长究竟该如何对待呢？

可爱的婉迪一直是听话的孩子，但自从去祖父母家过了一个暑假，脾气长了不少，常常为了一些小事与妈妈无止无休地闹，搞得妈妈很头疼，妈妈总是小心翼翼地，害怕违了她的心意。但妈妈越是小心谨慎，婉迪越是难侍候，像是一只小刺猬，动辄发怒。一天妈妈要带婉迪去做客，让她将身上搞脏的衣服换下，穿一件干净衣服，婉迪一口拒绝。妈妈将壁橱里所有的衣服都拿出来吸引婉迪，好让她改变主意，婉迪只紧守一个字“不”。

“那么你不想去露西家和露西玩吗?”

“想去!”

“那就要换衣服。”

“不换!”

“你这件衣服太脏，一定要换了再去!”

“就不换!”

妈妈渐渐失去了耐心，抓住婉迪，开始给她脱身上的脏衣服，婉迪拼命挣扎，大喊大叫，将妈妈好不容易给她穿上去的衣服又脱了下来，几个回合下来，妈妈已满头大汗，不自觉地用手在婉迪身上打了几下，婉迪哭得更加厉害，转身又将那件脏衣服穿上，看着妈妈。妈妈真不知如何是好，只能蹲下来说：“亲爱的，要不要吃冰激凌，我给你加上一些草莓酱?”婉迪点点头，“那把衣服穿上好吗?”终于妈妈给婉迪穿上了干净衣服。妈妈费了九牛二虎之力，最后还是败下阵来。

婉迪在祖父母家受到了什么特殊待遇，不得而知，但显而易见，妈妈对她发脾气的处理不恰当。婉迪不肯换上干净的衣服是不合情理的事，她已经5岁，该懂得什么是干净什么是漂亮，到别人家做客该穿得干干净净，而且她也表示喜欢到露西家去，为什么还要闹呢?

其实她的目的是要好好展示自己的威风，证明她可以不听妈妈的话，于是逼着妈妈与她“打仗”。因为妈妈急着带婉迪出门做客，因此无论如何要想办法让她换上衣服。妈妈也正是像她所希望的那样，与她争执不休。婉迪似乎察觉到了妈妈的心理，因而更加有兴趣地与妈妈周旋了一番。

在这种情况下妈妈只有两条路可走，一是她最终采用的“利诱”，这当然不是明智的办法，这只能鼓励婉迪下次如法炮制。再有一个方法就是向女儿说明，去做客一定要穿干净衣服，身上的那件衣服绝对不会被人接受，如果婉迪不肯换，只好不去做客了，然后给她 15 分钟时间做决定，若超过 15 分钟，便给朋友打电话讲明情况，并取消这次活动。然后，妈妈应回到自己的房间或厨房，独自安静地做事，摆出可走可不走的姿态，让孩子知道，走不走完全取决于女儿是否换衣服。这样，婉迪没有必要再向母亲示威了，再僵持下去，还会失去一个和朋友聚会的机会，除非婉迪根本不想去，否则妈妈的策略是有把握成功的。

当然，这样做妈妈也会付出一定的代价，但这样做为今后处理类似的事情避免了麻烦。父母从冲突中撤离出来是非常重要的一步。这并不意味着放弃对孩子的爱。事实上，在发生冲突时或即将被卷入冲突时，父母退出往往帮助自己保持了与孩子良好的关系。冷静想一想，当孩子挑衅我们时，我们做父母的也很难保持冷静和友好的态度，我们倾向于给孩子一个教训，让他尝尝我们的厉害。这种敌对性会对双方的关系造成伤害。所以，假如在生活中，你真的遇到和以上事件类似的情况，你最好从矛盾升级中退出，留下一个想闹的孩子，他自知无趣，又没对手，又不好玩，最终只好放弃。

在大多数这类冲突中，父母应马上从冲突中撤退出来，而孩子们的反应是可以预料的，也是很有趣的。孩子们十分依赖与父母之间的联系，也因此才有安全感与归属感。父母的撤离，留给他们一个孤独的感觉，这样的局势是孩子们很不喜欢的。他们很快会意识到，只有改变自己的行为才能避免这种局面，不然的话爸爸妈妈都不理自己了，那是很难受的事。

有时特别淘气的孩子在被父母冷落后会冷静下来，会反醒自己的错误，或感到很不好意思，他们会再找个机会悄悄跑到妈妈身边，嘻嘻哈哈或磨磨蹭蹭，以表示自己现在很乖。还有一种情况是孩子故意挑衅，孩子把挑衅行为当成是一种试探，看看究竟父母对自己纵容的界限是什么；或者是想探知父母对自己怎么样，他们是不是有办法对付自己，就像捉迷藏那样。父母在他们的挑衅行为面前即刻退出，等于告诉孩子“你走得太远了，这里就是界限。”孩子们会很快地领悟其中的道理，调整自己的行为，重新回到与父母合作的状态。

四、不做“唠叨妈妈”

孩子在成长过程中，会逐渐要求更多的自主权，然而面对未成熟的孩子，父母又不懂如何满足孩子的要求，唯有强迫孩子去顺从。于是，父母的叨唠，就好像紧箍咒一样，围绕在孩子的耳边，使他们越来越反感，越来越抵触，就连父母自己也开始手足无措，不知道怎样才是正确的教育。

今天妈妈早早地起来，一边收拾房间，一边为小华准备早餐。6：30，妈妈把牛奶、鸡蛋、面包准时端上桌。这一切整理完毕后，妈妈就开始一遍一遍地叫小华起床，但小华始终没有任何反应，一直到快7：00了，小华才懒洋洋地起来，胡乱刷刷牙，抹两把脸，然后坐到饭桌前，用最快的速度对付着这顿早餐。而此时的妈妈就开始在他的房间帮他叠被子，收拾凌乱的衣服、物品，嘴里还不停地唠叨着：“看看你，哪儿都弄得乱七八糟，让人跟在你屁股后面收拾。每天让你起床都得喊破嗓子，你看看饭都凉了，总吃凉饭，还这么狼吞虎咽的，胃要坏的，坏了还得给你看病去，天天说都没用。要是我一叫你就起来，不就不用这么紧张，也不会老是迟到挨批评了……”

妈妈还在唠叨，小华对妈妈的话充耳不闻，只顾把吃的、喝的填进肚子，用手背抹抹嘴，然后抓起妈妈早已为他放到客厅沙发上的书包，转身就往外走。妈妈追在他的身后喊着："着什么急呀，就吃这么几口呀，一上午的课呢，会饿的。哎，上学的东西都带齐了吗，别又落点儿什么，每天都得让人提醒……"

看了上面这个例子，很多父母一定会看到自己的影子，故事里的妈妈对小华的爱是显而易见的，然而孩子却如此爱搭不理，究竟是为什么呢？是妈妈给的爱不够吗？是妈妈做错了什么吗？都不是，关键就在于妈妈的唠叨。

心理学研究证明：老调重弹，反反复复说同样的话，会让人产生一种习惯性的模糊听觉，也就是明明在听，却根本不入心里去。这是长期重复听同样的声音而产生的一种心理上的不在乎。所以，做父母的，不要老是只怪孩子不听话，也该静下心来想想，自己是否真的太唠叨了。

唠叨的形式，基本上表现为机械的重复说过的话，类似的话反复说很多遍，而且是几乎每天都说，孩子也听得烦躁不安，孩子容易因心烦意乱无法进入正常的学习状态。而且，唠叨的内容也大多是指向孩子的弱点、缺点，没完没了的数落和冷嘲热讽，就算说的是好话也多是规劝式的"不许这样"，"不要那样"等，让孩子感到自己不受尊重。同时，父母过多的唠叨会让孩子产生自我保护式的逆反心理，消极对抗、沉默不语或者干脆与父母针锋相对甚至恼羞成怒。

其实，孩子需要父母的指导，但不喜欢父母的唠叨。一个唠叨的人，首先是自己不相信自己，对自己讲出去的话，做了的事不放心，所以会一次又一次的重复。再就是，个性属于软弱和紧张型的人特别容易唠叨。那么，指导与唠叨有什么不同呢？首先，指导是亲切的，是言简意赅的；唠叨则往往会有责怪、警告的成份。其次，指导是一种促进，是引而不发，鼓励孩子独立处理问题；而唠叨常对孩子表现出不尊重和不信任。再次，指导的后果是孩子情绪稳定，心情愉快；而唠叨则是反复的单一刺激，使孩子厌倦、反感、苦闷。唠叨的结果会导致儿童行为上的惰性，你不说几次，孩子就不会去做。这种恶性循环，还会导致子女独立自主的个性被破坏。

重复性唠叨只会让孩子心烦，同时对父母的唠叨产生依赖感。慢慢的，父母不唠叨，孩子的事情就做不好；批评性唠叨容易加重孩子的心理负担，让孩子对自己越来越缺乏信心，甚至产生强烈的逆反心理；随意性唠叨容易让孩子养成注意力不集中的习惯，孩子对需要记住的重要事情也常常当成耳旁风。

那么究竟父母应该怎样避免对孩子进行唠叨呢？看看下面几点，希望对父母有所帮助：

其一，说话要有分量。比如说，规定孩子做好作业再开饭，但有的父母话虽讲出去了，可心里又怕孩子肚子饿，就会说“你到底饿不饿？还没做完作业，饭都凉了。”“你还想不想吃饭？”诸如此类自相矛盾的话，反映了家长感情的软弱，说话不算数，没有威望。家长对孩子讲话时绝对不能信口开河，一定要说到做到，话可以不多但是一定要有分量。

其二，命令不是好办法。必要时多和孩子讲讲悄悄话，富有亲和力，低声调的家庭语言环境是母子关系和谐的一个重要因素，它可以调节家庭的气氛，拉近母子之间的距离。如果让孩子做什么事，可以用亲切的语言在他的身边轻轻地告诉他，尤其对幼小的孩子，这既是命令，又是感情的信任，悄悄的一句话，要比反复地唠叨更有价值。

其三，有些话只说一遍就够了。可以说，家长对孩子讲的话虽然多，但许多都没有讲到点子上。事无巨细，反复强调叮嘱搞得家庭上下不得安宁，大人为孩子不听话而气愤，孩子在唠叨的语言环境里定不下心来做功课，结果会适得其反。其实有些时候没有必要一遍遍地叮嘱，有些话只说一遍就够了。

过分唠叨不休，会使孩子觉得父母认为他没有理解事物的能力，久而久之，孩子会产生厌恶的感觉。其实，有条理地向孩子交代事情，会增强孩子的自信心和自尊心。家长对待孩子，要像对待成人一样，不要孩子有一点错就总是板着脸指责他，而是应该委婉地指出来，尽量避免伤害他的自尊心。

五、向孩子敞开心扉

父母只有向孩子敞开自己的心扉，才能得到孩子的认同，从而促进亲子关系的发展。但中国的父母一般很少向孩子透露自己的内心世界，却希望孩子向自己袒露一切。这种不平等的关系往往成为亲子沟通的一道屏障。

事实上，父母向孩子敞开心扉，表现了对孩子的尊重和信赖。世上没有完美无缺的人，在孩子面前，父母以一种轻松的方式接受自己的不完美，承认自己的错误，不仅让孩子觉得你更亲近，还加深亲子之间的感情，而且能把一种坦然、放松的处世态度传达给孩子。

当孩子问父母“你为什么不高兴啊？是不是工作上有了麻烦？”的时候，父母就应该认真地考虑一下是否应该与孩子谈一谈。如果搪塞地说：“没什么，很好。”或“不关你的事，去玩你的吧！”那就等于是将孩子对父母的关心推开。

那么孩子从父母那里所得到的信息就是：父母的事与我无关。那就等于父母自己关闭了与孩子沟通的渠道。

陈强失业了，可是碍于面子，他没有跟家里人提起这件事。但是他

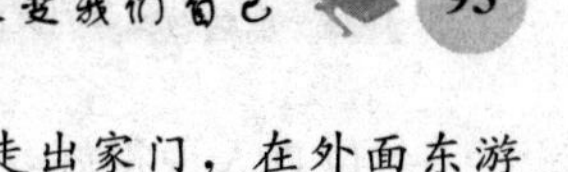

也不能总是呆在家里，所以只好到了上班的点就走出家门，在外面东游西转一番后，估计时间差不多了，就回家里。

有一天他刚回家，女儿甜甜悄悄地跑到陈强屋里，对他说："爸爸，我觉得你不开心，你是不是不上班了？"陈强愕然，甜甜不过才5岁，怎么会这样问自己呢？他飞快地想了一下，随口说了句："没有的事，你不是见到爸爸每天早上按时出门，晚上又按时回家吃饭了吗？"

甜甜疑惑地走开了，几天后，陈强发现甜甜不大跟自己说话了，他心里很是纳闷。后来他从邻居嘴里得知，原来前几天，甜甜所在的幼儿园组织孩子们到公园里游玩，不凑巧，那几天他在公园闲转，被甜甜看到了好几次。甜甜跟邻居说，他爸爸骗她，她再也不理爸爸了。知道了甜甜的心事后，陈强很是苦恼。

陈强的谎言给女儿造成了不小的伤害。但其实这件事是完全可以避免的。如果陈强向女儿敞开自己的心扉，坦诚地进行亲子沟通，一切都会迎刃而解。

沟通是孩子成长过程中重要的、不可或缺的环节，父母与孩子之间建立良好的亲子关系，父母对孩子进行科学的教育，孩子的健康成长都离不开沟通。而父母总是想让孩子向自己敞开心扉，其实父母也需要向孩子敞开心扉。

一位哲人说得好：和别人分享快乐，就多一份快乐，把忧伤告诉给愿意为你分担的人，就减少一份忧伤。父母和孩子之间是世界上最亲密的关系，也最应该一起分享喜怒哀乐，如果父母向孩子敞开自己的心扉，跟孩子分享自己的喜怒哀乐，那么孩子就会感觉到你对他的信任和尊重，孩子就会更加尊敬你，并且也会向你敞开他的心扉。

家长如何向孩子敞开心扉呢？

（一）让孩子了解你的工作状况

父母应该明确地告诉孩子：我现在做什么工作，我的工作细节有什么，它对整个社会、国家甚至人类有什么意义等等。现在许多父母的确都很忙，但花点时间陪陪孩子，和孩子说说自己的工作细节，谈谈工作的酸甜苦辣，聊聊成功的幸福体验，对孩子是十分重要的。

很多父母埋怨现在的孩子不知道节约、自私、花钱大手大脚等等。但是如果孩子不知道父母是如何靠辛勤工作给家里挣钱的话，那么他们就不会把金钱与工作紧密地联系起来。孩子们到了上小学的年龄，父母就可以把自己如何靠努力工作来谋生、如何创造属于自己的事业的故事讲给孩子听了。

（二）告诉孩子你的隐私或秘密

很多父母都认为孩子太小，很多事情不能告诉他们，尤其是自己的隐私或秘密，让孩子知道了，会是一件很丢面子的事情。其实不然，如果孩子知道他是跟你共享隐私或秘密的人，他就会更加的信任你，你也就能更加容易地走进孩子的心灵深处。

（三）让孩子明白你对他的期望

父母对孩子的期望不能过高，过高了会对孩子造成压力和伤害。应该根据孩子的实际情况出发，对孩子抱有合理的期待。而且，最好也能够让孩子明白，父母对他的期待并不过高，让他明白父母对他的具体期待是什么。父母如果能够做到这些，那么孩子一定也会从父母的期待中汲取前进的力量，一定会努力成为一个不让父母失望的好孩子。

总之，父母与孩子沟通一定要讲究艺术，只有父母敞开自己的心扉，才能引起和孩子感情上的共鸣，从而与孩子建立起一种相互信任的关系，使亲子关系融洽。但是在具体的操作过程中，父母还应当把握住如下三点：

（1）创造合适的机会

“孩子，让我们来谈谈！”如果你的谈话是这样开始的，结果往往是说话的只有你一个人。然而，在你和孩子一起打完篮球、开车回家的路上，或周末一起洗衣服时，往往是孩子滔滔不绝、喋喋不休的时候。要想多了解孩子的生活，就要多创造这些对孩子没有压力，和你一起活动的机会。

(2) 提出问题要适当

如果父母提出的问题太多，最后会让孩子怀疑你的真实目的，而间接的做法往往会收到更好的效果。比如，一位妈妈询问心理医生，她的丈夫死后，孩子很伤心，她总想安慰儿子，很想让孩子说出自己的想法，然而，每每提起此事，孩子总是闭口不提，对谁也不谈论此事。在心理医生的建议下，妈妈不再问孩子的感受，而是有时会提起自己对丈夫的思念，或者和孩子一起回忆一家人在一起的快乐时光。儿子反倒一下子开口了，不仅分担了妈妈的痛苦，自己也不再那么郁闷了。

(3) 控制自己的反应

向孩子敞开心扉的过程中，可能会有很多令你不高兴或失望的事情，你必须很好地控制你的情绪。比如，尽管你告诉孩子当年你如何地发奋读书，但孩子却并不对你的努力表示赞赏，你就可能很失望，但无论如何，你也不能让这种情绪表现出来。孩子都不喜欢让父母失望，如果你过分表现出失望，就会给孩子心灵造成不良的影响。

六、不要犯教育孩子中的禁忌

家庭教育是学校教育的重要支持，任何一个健康成长的孩子都有一个良好的家教作背景，家庭是孩子的第一所学校，父母是孩子的第一任教师，父母不是一个好老师就是一个坏老师，不是起好的带头作用，就是起坏的带头作用。父母想要担任好孩子第一任教师的角色，就不要犯家庭教育的禁忌。

（一）瞧不起孩子

也许你会对孩子说：“你怎么这样笨啊！”或者“你是木头人吗？”每当这类瞧不起孩子的话脱口而出时，都会损伤孩子的自尊心、削弱孩子的自我观念。

（二）在对比中抹杀孩子的努力

很多家长追求完美，忽视孩子的努力，仅仅因为孩子没达到“最佳”或“理想”标准，就抹杀孩子的成绩。有的家长对孩子期望过高，常常把自己的孩子与邻居的孩子相比，一次没考好，就对孩子说：“你看人家小王就是比你聪明，这次又比你多考了2分。”长期抹杀孩子的成绩，会产生不良影响，使孩子不能正确地评价自己，从而逐渐变得自卑、压抑。孩子在成长过程中会不断把外界的评价转为自我评价，长期对孩子持否定评价，会影响孩子正确地评价自己，并失去信心。

（三）恐吓、冷落孩子

每当孩子调皮或犯错误时，很多家长都会不自觉地用诸如“不要你了”等话恐吓孩子，让孩子因害怕而“就范”。采用恐吓的方式来管教孩子，会削弱他的自我意识。如果父母说：“你下次再这样，就要你好看！”或者说“你再打弟弟，妈妈就要狠狠揍你一顿！”每当孩子听了这些话，他们往往会惶恐难过，从而对父母产生一种恐惧心理。

也有的父母采取冷落的办法对待孩子，给孩子“冷脸”看。

长期这样恐吓、冷落孩子，孩子易产生紧张、焦虑、抑郁、敏感、恐惧等情绪，甚至有可能导致发育不良、智力低下以及神经衰弱、偏执、强迫等症状。

（四）过度保护、监督孩子

过度保护、监督孩子会挫伤孩子的自我观念，削弱孩子的自主能力。因为当父母过分监督孩子的行为时，其实也是在告诉孩子：“你不能照料自己。”大多数家长不相信孩子照料自己的能力。我们应该把“只要孩子自己能做，决不包办代替”当作座右铭。这样才能逐步培养孩子自己照料自己的能力。

（五）强迫孩子盲目地服从

如果你硬要孩子丢开他正做着的事，听你的话去做别的事，他的反应会很不乐意。父母应事先提醒孩子，等一会儿要他做什么，比如说：“小军，差不多再过十分钟，你该进来吃饭了！”同时，也可以允许孩子在服从命令之前有稍作抱怨的自由，比方说："喔，妈妈，我非要现在进来吗?"要求孩子立即而又盲目地服从，不利于教育出独立而懂得自我调节的人。

当孩子不听话或调皮捣蛋时，家长靠"言语暴力"是不能解决问题的，对孩子心灵造成的创伤却是深远的，老师和家长们应意识到它的严重性。家长是孩子的一面镜子，要教育好孩子必须先从自己做起。

七、给孩子以尊重，让梦想有动力

卡耐基说过："一个人事业的成功15%靠专业知识，85%靠人际关系，而影响人际关系最重要的一点就是情商，情商比智商要重要很多倍。"美国宾州州立大学教育管理学王修文博士，用斯坦福大学最新的一项研究来说明孩子未来要成功，什么因素最重要，"在斯坦福教育理念中，有一个叫'成长型思维（growth mindset）'的概念，拥有成长型思维的孩子做事不易放弃，更容易寻求帮助，复原力更强，也就是更加坚毅。他们会更在意自己从一件事中是否真正学到了东西，而不仅仅是能够通过考试。而传统观念的'固定性思维（fixed mindset）'则会让孩子习惯性地回避挑战，遭遇阻力时容易放弃，因为他们害怕失败，害怕面对努力了依然失败的结果。"王校长认为成长型思维不是天生的，是可以被教育、训练和塑造的，"当孩子独自解决难题后，我们的老师不会夸他聪明，而是夸他认真、努力；当别的小朋友做得更加优秀的时候，我们会告诉孩子这并不代表他比你聪明，他们只是运用了更好的策略、进行了更加勤奋的练习，只要你愿意，你也同样能做到。”王校长表示，思维模式就如同肌肉一样，是可以发展、变化的，而最后的赢家，一定是那些具有成长型思维的人。

宾夕法尼亚大学副教授杜克沃斯提出过一个“坚毅理论”，就是无论在何种情况下，比起智力、学习成绩，坚毅是最为可靠的预示成功的指标。向着长期的目标，保持自己的激情，即便历经失败，依然能够坚持不懈地努力下去，这种品质就叫做坚毅。王校长强调道，坚毅不是一天，一周内能培养出来的，也不是一个月一年就能建立的，而是需要日积月累年复一年的努力。“我们经常高估一两年的发展，而低估未来十年的变化，孩子思维模式的改变未必在短时间内就能使他产生质变，但如果笃定地在正确的方向不断积累，屡败屡战、越挫越勇、坚韧不拔、永不放弃，那么孩子终将摆脱平庸，走向成功！”

八、当孩子做错事时让其承担后果而不是责骂

斥责确实是教育孩子的一种方法。我国民间有句俗话：“不骂，孩子就不晓得厉害。”很多家长在孩子做了错事时，不是打骂，就是恶言恶语地吓唬，他们的体会是，这样做很“管用”，能有效地制止孩子的

坏行为。

一位妈妈讲述了她的体会："有一次，我刚扫完地，孩子就在那里用脚踢墙皮，把墙皮踢了一地。我就照一贯的办法，大声呵斥地说：'是你自己把墙皮扫干净，还是让我揍你一顿？'我这么一说，还真管用，孩子马上说：'我扫，我扫。'你看，问题不就解决了么……"

的确，问题表面上是解决了，孩子也知道了在家里不能踢墙皮。但是，这里隐藏着许多的问题。首先，孩子并不懂得踢墙皮为什么不对，他认为在家里踢墙皮，是要挨妈妈打的，只要没有人打他，这件事就可以干。在家里，妈妈要打，所以以后不敢在家里踢墙皮，但是出了门呢？到了学校，特别是在没有成人在场的情况下，还能保证他不干这种坏事吗？其次，他以后可能会以同样的大声呵斥、骂骂咧咧的方式，对待他的同伴、同学。

学校里，我们经常能看到，有些孩子显得很有教养，从来不打人、骂人，老师不在时他也不干坏事；还有些孩子则缺乏教养，经常会出些坏点子，常常是背着老师做坏事，对同学态度蛮横，但这些孩子回到家里却很老实，不敢做坏事，在父母面前像个小绵羊。究其原因，就是因为他们的父母一贯用这种打骂、呵斥的态度教育他们。父母教育方法不对导致了孩子缺乏教养。

像上面的例子，家长看到孩子踢墙皮，正确的做法应该是，马上不高兴地说：“踢墙皮不好，不对，既毁坏了墙，又把地弄脏了，妈妈不高兴啦！乖孩子不踢墙皮，妈妈喜欢乖孩子。你现在要是自己把墙皮扫干净，妈妈就不生气了，记住以后再也不要干这种事情了！”如果孩子是无意识地做了这件事，相信他会自己去扫地的。而且，以这种方式教育出来的孩子，很可能就是那种在学校里有教养的孩子。

简单、粗暴的斥责，不但不能使孩子感受到父母对他们的关怀，反而容易引起孩子的反抗。这种叛逆心理一旦形成就会造成父母和子女间的隔阂和冲突。

有一个孩子洗碗时一失手把一叠子的碗都打烂了。母亲听见碗打碎了的声音，就厉声地责骂了她一顿。她心里很不服，她觉得打碎了碗，她心里已经很害怕，母亲还一味责骂，于是对母亲产生了一种强烈的不满与愤恨。

在我们的生活中也常常会发现另外一种情况：那就是大人责骂孩子时，孩子根本就不理会。他既不顶嘴也不反抗，就是不听。你骂你的，他做他的，日积月累的结果就是孩子越变越坏。那是不是说，父母就要对孩子的错误视而不见了呢？当然也不是。因为孩子毕竟是孩子，他们不懂事，需要大人的教导，他们难免闯祸做错事，也需要父母的指正，否则孩子就会在错误的道路上越走越远。

有个小男孩很喜欢喝牛奶，有一次他打开冰箱，用手去拿大罐牛奶，结果没拿稳，手一松，就把整罐牛奶打翻了。当时，小男孩吓呆了。他缩在墙角，因为牛奶洒满厨房的地上，妈妈可能会因此而骂他。可是，当妈妈走过来看到时，却说："哇，我从来没有看过如此壮观的牛奶海洋，好漂亮哦！"

小男孩听妈妈这么一讲，突然就不害怕了。这时，妈妈又对小男孩说："你好厉害哦，妈妈长这么大，都没有看过这么漂亮的牛奶海洋，你愿不愿意和妈妈一起把牛奶打扫干净？"

后来，妈妈就拿着抹布等工具，带着儿子一起把厨房打扫一遍，整个厨房也变得干净无比。这时，妈妈又把儿子先前打翻的牛奶罐，装满了水，放进冰箱，然后再教他怎么拿才不会打翻牛奶。

当你的孩子不小心把饮料、牛奶打翻了，那你会如何处理呢？你会不会怒气冲天，大声骂他："你那么笨啊，连牛奶都不会拿？"也许你不会这样骂自己的孩子，你可能会说："没关系，你不要过来，不要踩到牛奶。"然后，叫丈夫过来，把牛奶擦拭干净……

故事中小孩的妈妈不是自己擦拭，而是叫小孩和她一起收拾，一起承担小孩不小心做错的事的后果，而且还把牛奶重新装满水，再教小孩怎么拿，才不会再次出错。正因为这样，那个小孩后来就不怕做错事，也有信心和勇气不断地尝试、实验。尽管有时还是会出错，但他都学习用平和的心态来看待，并勇敢地自我承担。

当一个错误已经发生时，你发再大的脾气，也都是于事无补。大声责骂孩子，也只是使孩子更害怕、更恐惧而已，而且愤怒可能会造成更多的错误。在生活中，当错误已是既成的事实时，家长就必须让孩子勇敢面对、勇敢承担，歇斯底里地发脾气，不仅使自己情绪不好，受害最大的更是孩子。

九、不要对孩子随意地发牢骚

养育孩子是个幸福的过程，同时更是个艰辛的过程。繁琐的家务劳动已让家长精疲力竭，如果孩子再哭闹、任性，那么这时家长眼中的宝宝将会由小天使变成小魔鬼，即使再有耐心的家长也会对孩子发一通牢骚。

或许，发泄完之后，家长自己会好受些，并感觉这样做也没什么大不了的。可你是否想过，挨批评后，孩子的心里感受。专家告诫：家长生气可以被体谅，但在牢骚出口前必须得三思。日常生活中，家长们应避免 6 类最常见的牢骚。

（一）否定孩子人格

家长正忙家务活时，一旦孩子还缠着不放，许多家长都会不耐烦地说：“烦死了，自己去玩。”可能家长自己没在意，可孩子就会受到莫大的委屈而嚎啕大哭起来。

“你怎么这么笨，连这也不会。”家长往往以大人的标准来衡量孩子的行为，自己觉得很简单的东西孩子应该也要会，否则就是“笨”。

家长带着孩子到亲戚或邻居家玩，孩子不愿叫“阿姨”，家长就会责怪说：“你这孩子怎么这么没用，叫一声阿姨都不会。”也有的家长会笑着对别人说：“你看，我的孩子真是没用，不会叫人。”虽然是对别人说的，可是孩子都听在耳中，记在心里。

（二）让孩子怀疑妈妈对自己的爱

有时妈妈故意要孩子手上的东西，可孩子不愿意给，过一会儿孩子要妈妈抱，妈妈就会故作生气样说：“我才不要你呢。”如果经常这样，孩子会很伤心的。

“再不好好吃饭，妈妈就不要你了，把你送给别人做儿子。”这类话会让孩子怀疑妈妈为什么不爱自己。

孩子被妈妈骂了几句，一气之下跑出家门，妈妈追到家门口，生气地对着孩子喊：“你给我回来，不回来是吧，那以后都不要回来了。”这类话听多了，孩子心理会产生阴影，以后可能真的要离家出走。

小小的惩罚有时能纠正孩子的不良习惯或错误，但惩罚却让孩子对妈妈的爱产生怀疑，要知道惩罚的目的不是要让孩子伤心，而是要让孩子清楚地知道他的行为不对，这就可以了。

（三）吓唬孩子

“你再不听话就叫医生来打针!”“快躲到妈妈这里来，医生打针来了!”无论是责怪孩子还是和孩子玩，有的妈妈让孩子听话的厉害办法就是医生打针，因为几乎所有的孩子都怕打针时的疼痛。妈妈经常用这种方法教育孩子，使他见到穿白大褂的人就害怕。

孩子对老师都很敬重，更不敢像对妈妈一样对老师撒娇。有的妈妈喜欢利用孩子这一害怕心理对孩子施压，出口就是：“不好好看书，明天告诉你老师去，看他到时候怎样惩罚你。”

及时帮孩子纠正错误是妈妈的责任和使命，如果孩子改正了，妈妈还应称赞他是个好孩子，不要经常拿一些吓唬人的话影响孩子心理的健康发展。

（四）对孩子的要求超出了他本身的能力

“动作快一点，妈妈还要上班呢!”其实孩子动作慢不是他的错，他不知道为什么要快，也不知道怎样快。

在孩子的眼里，他的作品可能已经做得最完美，可是在妈妈眼里，还是没有达到要求，所以孩子做什么事情妈妈都希望再做好一点，而没有顾及孩子的心情。

孩子不是天才，不是一生下来什么都会，成人会的东西孩子不一定会。不要因为觉得是很简单的事情，孩子不会就说："这么大了，连这个都不会。"说多了，孩子会的事情它也不敢做了。

（五）拿孩子进行比较

家长总希望自己的孩子比别人家的孩子强，所以遇到孩子比别人差时，经常对孩子出气，"你和别人一样大，为什么别人会，你怎么就不会，好好跟别人学学，不要老想着玩。"好像自己的孩子比别人的强那是应该的，而比别人的孩子差那就绝对不行，其实，家长的这种心态才真正要不得。

家长要清楚孩子的个性与特点，并非别人会的东西，孩子就一定要会。要善于发现孩子的优点，并根据孩子的特点培养它的能力。

（六）按自己的意愿命令孩子

"不准吃饭时说话!""不准抱着玩具睡觉!"……太多的"不准"容易限制孩子个性的发展。或许，许多家长会说，他们这样做是为了孩子好。可家长们想过没有，对于同样的问题，如果换种解决方式，是不是可以达到更好的效果。

"哭，还哭，不许哭!""叫你不要玩电脑，还要玩，马上停止，睡觉去!"有时家长烦了以后，就希望孩子立即能够达到自己的意愿，这时往往态度比较凶。对孩子来说，他从家长这里认识到什么是野蛮，并学会野蛮待人的方式。

对于孩子做得不尽人意的地方，家长须控制自己的情绪，用良好的心态对待孩子，转移孩子的视线或爱好，给孩子一个调整的时间。

十、打孩子的后果是家长不可想象的

（一）以暴制暴

“再闹，我就打你”之类的恐吓和威胁话语，不但会扼杀孩子的自尊心和安全感，甚至会导致孩子采取自我破坏或攻击行为进行报复。

（二）恐惧

打孩子会给孩子带来极大的恐惧，而这恐惧的制造者又是自己最亲近的父母，这使得孩子丧失对父母的信任，继而丧失对整个环境和他人的信任，这是抑郁症的缘由之一。这种恐惧可能导致他们即便成年后也不敢跟任何人提出反对意见。这种心理阴影使得他们无法建立和维持健康良好的人际关系，也难以维护自己的各种权益。

（三）粗暴

由于孩子模仿性很强，在家里父母打他，到外面他就打别的孩子，尤其是比他小的孩子。父母打孩子，实际上起了教自己的孩子去打别的孩子的作用。而且家长或许不知道，打孩子的习惯是可以模仿的，孩子有这方面的经历，将来会一代代沿袭这样的教育方式。

（四）固执

有的家长动不动就打孩子，损害孩子的自尊心，使他们产生对立情绪，逆反心理。于是，有的孩子用故意捣乱来表示反抗。也有的孩子越打越不认错，常常用离家出走、逃学、夜不归宿来与家长对抗，变得越来越固执。

（五）孤独

经常挨打的孩子，会感到孤独无援。尤其是父母当众打孩子，会使孩子的自尊心受到伤害，往往会怀疑自己的能力，会自感“低人一等”，显得比较压抑、沉默。认为老师和小朋友都看不起自己而抬不起头来。于是这种孩子往往不愿意与家长和老师交流，不愿意和小朋友一起玩，性格上显得孤独。

（六）撒谎

有的家长一旦发现孩子做错事就打。孩子为了避免皮肉之苦，瞒得过就瞒，骗得过就骗，骗过一次，就可减少一次“灾难”。为了逃避挨打，孩子一做错事就要说谎，这样就构成了恶性循环。

（七）懦弱

如果孩子经常挨家长的拳打脚踢，时间一久，孩子一见到家长，就会感到害怕、不敢接近。因此，不管父母要他做什么，也不管父母的话是对是错，他都只得乖乖服从。在这种不良的绝对服从的环境下成长的孩子，常常容易自卑、懦弱。这种孩子往往会唯命是从，精神压抑，学习被动。

第五章

叛逆期的孩子需要信任和鼓励

一、充分的信任，给孩子成功的信心

信任能把孩子内在的潜能激发出来，从而让孩子拥有信心并发挥出能力，信任能让孩子更愿意呈现出美好之处，从而发展出美好的品质，信任能给孩子带来放松和坚定的感觉，从而激发出从容自在的活力。父母从小给与孩子充分的信任，孩子就会被培养出这些能力和品质，得以体验内心的自在和快乐。情商专家认为：信任孩子能够激发出孩子的内在力量，孩子会在这种信任中感到更安全，更有信心。

举个例子，早晨上学出门的时候，孩子高高兴兴地对你说："妈妈，今天要考试了，我一定考个 100 分回来！"你满脸疑惑地说："你能行吗？你可从来没有考过 100 分哟！"孩子惊讶地问："妈妈，难道我只能考 80 分吗？"而这时，妈妈则搪塞道："好！你能考 100 分行了吧！赶紧上学去，不然要迟到了。"孩子不满意地走了。结果考试成绩出来时，孩子真考了 80 分，而这时妈妈则又对孩子说："怎么样，让我说中了吧！"孩子听了，默默无语。从此以后孩子的成绩可能也越来越差。

教子妙招

大人都有这样的感觉，当感到自己被充分信任时，浑身上下会充满力量，有很强的动力去主动寻求解决问题的办法，而且相当自信。孩子更是如此，孩子是通过成人的反应来认识自己，了解自己的。如果孩子得到的反馈是自己是值得信任、有能力的，那么孩子内在的能力会被唤醒，自然而然就有了自信和解决问题的能力。

信任是自信的源泉，一个人之所以自信是因为他获得了他人的信任；而一旦失去了他人的信任，其自信心也必将受挫。你的孩子之所以成绩那么差，也许就是因为你没有给他充分的信任，因而，孩子缺乏自信心。试想，如果孩子对你说自己要考100分的时候，你对他说："你一定能行，妈妈相信你！"那么孩子一定会满怀信心地参加考试，考出一个好成绩。

有句家教格言说："有什么比孩子的自信更能使他走向成功呢？"

每个人都希望自己是被信任的，孩子尤其希望被自己的父母所信任。在孩子的学习过程中，孩子的自信源于父母的信任。

信任，在孩子表现好时容易做到，而在孩子的表现不尽如人意时，父母往往感到失望，失去信任的原动力。其实，这时孩子更需要父母的支持。如果这时父母能鼓励孩子，表现出信任的言行，那么这就如给孩子注射了一剂强心针，使孩子浑身充满力量，更加努力地去取得更好的成绩。

那么，父母信任孩子该从哪些方面做起呢？

（一）相信孩子的美好品性

如果孩子出现不说实话、打人等应对方式，父母首先要明确这与孩子的品性无关，只是他在压力下的应对而已，要先了解原因，看看孩子的压力来自哪里，并进行适当调整。很多时候，压力源改变，孩子这些应对方式会自然而然的消失。家长在跟孩子的沟通中，注意“对事不对人”的原则，一定不能贬损孩子的人格。在这方面，家长要学习带着爱给孩子立界限。

很多家长对于孩子的未来会有各种各样的担心，特别是身处竞争激烈的社会环境中。他们根据自己的经验，认为孩子需要上好学校、拥有高学历、擅长与人打交道、多才多艺、全面发展才能将来生活得更好。家长这个出发点是好的，但是立足于当下才是根本的解决之道。在当下关注孩子的内在，帮助孩子成为他们想要成为的样子，充分体验当下的快乐，那么无论将来孩子是否成功、优秀，生活在何种境遇下，他们可以坦然做自己，生活在幸福中。

家长如何把对孩子的关注从未来的成功转向当下的快乐呢？

首先，要信任孩子，只要内心健康快乐，在任何环境下都会生活得很好。孩子天生就有很强的学习能力和愿望，只要不被强迫，他们是很愿意学习自己感兴趣的东西的。

其次，要了解游戏是孩子学习的重要的渠道之一。儿童情商发展学研究表明，孩童时期，相对于认知学习而言，通过真实游戏学到的东西对孩子的帮助更大。因此，家长要给孩子留出充足的游戏时间。

最后，关注孩子当下的感受。如果我们对孩子的关注点都在未来的生活，那么我们获得最多的就是焦虑。如果我们尽力给孩子提供自由成长的空间，去理解孩子的不情愿、无奈、失望等感受，孩子的感受会好很多，也就更容易接受原本不喜欢的事情，甚至从中找到乐趣。

（二）对孩子的信任应从小事做起

亲子之间的信任往往可以从小事情开始。现在我们看到很多孩子不喜欢动脑筋想问题，在学习中一遇到难题就去问家长，很多作业都是家长在一旁帮着做的。其实大部分的孩子一开始的学习兴趣很浓，你一定可以想象得出孩子刚刚入学时背着新书包走入校园内的情景吧！可后来孩子为什么就不爱动脑筋了呢？这些往往是因为家长的不信任，不给孩子动脑筋的机会，比如，孩子做作业的时候，家长总担心他不认真做，于是坐在一旁监督，并一个劲地对他说："好好做，有不会的问妈妈(爸爸)！"久而久之，使得孩子对自己没有信心，总是依赖别人，一遇到稍微难的题就把"救兵"搬出来，对自己一点信心都没有。

（三）一定要兑现对孩子的承诺

亲子间的互动是以信任为基础的，父母如果对孩子承诺做什么事情，一定要兑现，因为孩子是信任父母的，如果你认为孩子还小就随便找个理由搪塞过去，忽视自己的承诺，孩子就会认为："你每次答应的事都办不到，我再也不相信你了！"想想这样对孩子的伤害会有多大呀！

（四）多给孩子尝试的机会

平常生活中，家长不妨放开手，让孩子自己去学习，多给孩子尝试的机会，这样孩子才能知道怎么学习。比如，孩子要洗自己的鞋子时，父母如果说："你还小，不会洗鞋子，让我来吧。"那孩子就会认为自己真的很小，学不会洗鞋子，因此就不去洗了。可如果父母说："你已长大了，一定可以洗干净！"孩子一定会高高兴兴地去洗，慢慢就学会洗鞋子了。学习也是一样的道理，只要父母给孩子尝试的机会，孩子一定会通过自己的努力学会的。信任孩子并让他自己去尝试，不但能让孩子知道父母是信任他的，同时也赋予了孩子责任感，这样的亲子间互相信任才是长久的相处之道，孩子也会由于父母的信任而对自己更有信心。

（五）坚信每个孩子都能成为最好的自己

世界上没有两片完全相同的树叶，甚至连雪花也没有完全相同的。因此，每个孩子更是独一无二的。

作为父母一定要坚信每个孩子都能成为最好的自己。父母要学会欣赏孩子，看到孩子身上的优点和美好。

信任可以产生意想不到的力量，父母的充分信任会使孩子自觉地进行自我约束、自我监督。因此，在学习方面，父母一定要相信孩子的能力，给予孩子充分的信任，让孩子从心里感觉到："我能行！"促使孩子增强自信心，孩子在这种自信心的驱动下，会自觉主动地探索新的知识，从而取得学习上的成功。

相反，下面几种不信任孩子的行为很容易打击孩子的自信心。

1. 看到孩子考试成绩不好，家长不先问明原因，就大发脾气，断定孩子不努力学习。

2. 当孩子考试不理想时对孩子说："这孩子真笨，就考了这么点分，考大学肯定没指望了！"

3. 当孩子成绩提高时，对孩子说："这是你自己的成绩吗？是不是抄同学的？"

4. 当孩子考试内容里恰巧有父母和孩子一起学过的内容，并且考试成绩不错时，父母说："嘿嘿！要不是我们的帮助，你能考这么好吗？"

自信心可以将孩子的一切潜能都调动起来，帮助孩子将各部分的能力发挥到最佳状态，伴孩子一步步跨入成功的大门。孩子需要自信就像种子需要阳光，种子没有阳光不能成活，同样，孩子没有自信，学习就不会成功。

二、教育孩子从欣赏开始

一个生命诞生时都是很弱小的，在生命成长的过程中，难免会遇到这样或那样的困难与挫折。父母对孩子及时地加以引导和鼓励，帮助孩子克服畏难的情绪，孩子的潜能才会最大限度地释放出来。

人生其实就是一次远征、一次攀登。孩子进行“远征”“攀登”最需要的，就是树立必胜的信心。孩子的信心来自于父母的欣赏和激励。欣赏的作用是让孩子在激励中觉醒，父母最需要做的是不断地给予孩子支持和力量，在孩子的人生道路上不停地为他们鼓掌、加油。学会了欣赏孩子，也就掌握了打开孩子潜能之门的金钥匙。

缺乏欣赏与鼓励的家庭教育将失去教育的意义，正在成长中的孩子们会因此而远离许许多多本来属于他们的最美好的东西。孩子们得到的欣赏与鼓励越少，压力与负担就会越沉重。我们无法想象在精神重压的背景下成长的孩子们，有多少天才的潜质与杰出的才能会被扼杀。心理学家的研究结果表明：每个孩子心灵深处最强烈的需求和成人一样，就是渴望得到欣赏，得到别人的认同。对于孩子来说，欣赏激励比物质奖励更有效。欣赏孩子是一门育儿成才的艺术，父母没有理由不去认真研究和总结。

欣赏铸造成功，抱怨导致失败。欣赏孩子主要是注重孩子的优点和长处，让孩子在“我是最优秀的”心态中觉醒，而一旦生命开始觉醒，其力量是无穷的，其潜能是巨大的。没有种不好的庄稼，只有不会种庄稼的农民，同样，没有激励教育下不长进的孩子，只有教不好孩子的父母和老师。

美国教育家克劳蒂娅说：“一个儿童的艺术细胞，除去天赋外，最重要的就是要有人去发现。从某种意义上讲，发现是最最重要的。生活中很多极有艺术天赋的儿童被埋没了，这的确是一种悲哀。但遗憾的是，许多做父母的，并没有意识到这一点，他们只是浅显地以为还是个孩子，他不会懂得太多，或者他现在还不到学的时候。”

克劳蒂娅说的这段话就是伯乐与千里马的关系。堂·何塞就是一位伯乐，因为他发现了毕加索这匹千里马。堂·何塞是西班牙一个小镇上的画家，在毕加索还不会说话的时候，他就发现儿子能够用画画表达自己的意思了。

一天，刚刚学步的毕加索画了一个螺旋状的东西，家人都不知道他画的是什么，堂·何塞却看出小家伙画的是热食摊上卖的油炸馅饼，这令他惊讶不已。

堂·何塞认为儿子身上具有绘画的天赋，他决定把儿子培养成画家。他给儿子专门腾出了一间房子，墙壁周围贴满了他画的儿童画，这些画的内容都是日常物品，线条虽然过于简单，但是他都做了合理的变形，以此来诱发毕加索的想象力和空间变形能力。堂·何塞经常把儿子带到房间里看这些画，告诉儿子这些画是怎样画成的。

到毕加索四岁时，堂·何塞就开始教他剪纸。随着剪刀的一开一合，毕加索完全被迷住了，他把一张张平展的纸，剪成了无数的公鸡和小狗……

在堂·何塞的有意培养下，毕加索迷上了绘画。他常常能够以自己的理解将周围的事物表现出来。渐渐的，有一些邻居也称他为“小天才”了。

毕加索虽然是绘画天才却不是好学生，在学校里上课对于他来讲简直就是折磨，听课时他不是漫无边际地幻想，就是全神贯注地观赏窗外的景色。而且他似乎对枯燥无味的算术永远都不感兴趣。

毕加索无奈地对父亲说：“我只知道一加一等于二，二加一等于几，我根本就没去想。不是我不用功，我努力地集中自己的注意力，可我还是办不到。”他为此成了同学们戏弄的对象，那些无聊的小伙伴们喜欢跑到毕加索面前，逗他玩：“毕加索，二加一等于几呀？”然后看着毕加索呆呆发愣的样子哈哈大笑。

如此一来，毕加索在老师眼里也是一个智力低下，无可救药的孩子，他经常在毕加索父母面前，有声有色地描绘毕加索的“痴呆”症状，毕加索的母亲听了羞恼交加，觉得毕加索给她丢了脸，让她无脸见人。

左邻右舍也不再夸奖毕加索的绘画天赋了，而私下议论说："瞧那呆头呆脑的样，只会画几幅画还能当饭吃。"当时，几乎所有的人都认为毕加索是一个傻瓜。面对风言风语的议论和嘲笑，毕加索的父亲仍然坚定不移地相信：儿子虽然读书不行，但是在绘画方面是极有天赋的。

堂·何塞能真正的理解和欣赏自己的孩子。他对毕加索说："不会算术并不代表你毫无能力，你是个绘画天才，你可以去绘画。"小毕加索看着父亲坚毅的面孔，找回了一些自信。果然，毕加索总是毫不费力就能画出各种各样的东西。

1890 年 11 月，年仅六岁的毕加索，画出了《手握大棒的赫克勒斯》，画布上大力神赫克斯勒英姿神武，形象非凡，人们非常惊讶，惊讶于毕加索的绘画天赋。

欣赏、相信自己的孩子，并不是容忍孩子的缺点、错误，更不是盲目地溺爱，而是指导和鼓励。如果孩子有自己无法克服的缺点，而做家长的又一味不顾实际情况，用恨铁不成钢之态，以恶言恶语来对待孩子，这无疑会给孩子心灵留下难以愈合的伤口，成为孩子心中永远挥之不去的阴影。

哈佛一位教育学家指出："其实所有的孩子生来都是天才，但我们却在他们生命最初的6年磨灭了他们的天资。"家长应该认识到孩子的潜能，然后去培养他们。这个过程是复杂的，需要父母始终保持欣赏的心态。

三、孩子需要鼓励

有位心理学家曾说过："人生最大的敌人就是自己。"这句话一点不错，孩子由于知识和阅历的限制，会认为自己不如别人，特别是经历过一两次考试失败后会有些心灰意冷，此时家长就不应该再责怪他，而是应该顾及他的尊严，找他的闪光点，鼓励他振作精神，告诉他今后的人生之路还很长，一两次挫折失败算不了什么，只要自己尽力就行。此外，做家长的要看到孩子的进步，不能求全责备，要允许孩子犯错误，要帮助孩子分析错误的原因，寻找避免错误的方法和途径，给他成功的希望，坚信他将来一定能够有所作为。

在生活中，家长往往不重视鼓励，他们更关心的是怎样"对付"孩子的不"规范"行为，根本不考虑孩子的行为究竟是表现了怎样的心态，导致不"规范"行为的原因。这种做法往往是导致教育失败的原因。有些家长甚至干脆认为只有惩罚才能有效地纠正孩子的不"规范"行为，这样就更谈不上鼓励了。

对孩子过分的挑剔、指责也是十分有害的。如果你总是喋喋不休地专拣孩子的缺点去指责，那么失败可能真的要与他相伴了。心理学家指出，一般而言，赞美的次数应超过批评二至三倍，如果你的表扬太多，你的称赞显得不够真诚或夸大其词；如果太少，你未免过于挑剔了。

人们常常并不明白什么是鼓励，甚至以为鼓励就是说好听的，表扬一下。其实鼓励就是给孩子一个机会锻炼及表现自己的能力，向自己证明他是环境中的一个有效分子，他的行为可以给自己和别人带来积极的影响。在鼓励的作用下，孩子可以认识到自己的潜力，不断发展各种能力，成为生活中的成功者。

鼓励可以是非常简单的。如：给孩子一个拥抱，使他们感到一些安慰。孩子们常常喜欢哭哭啼啼，有时愁眉苦脸，或不高兴地嘟嘟囔囔，什么似乎都不能使他转阴为晴。在这种情况下，家长往往感到十分恼火，甚至要打孩子几下，认为这样可以制止孩子的无理取闹。其实我们可以试一试给孩子一点温暖，例如：将孩子抱到怀中，对孩子讲他是一个多么可爱的孩子，我们多么喜欢他等，孩子多数会停止哭泣，直到一切转变为正常状态。

表扬和奖励的适度运用能够激发孩子积极向上的情绪和愿望，适当的奖励有利于良好个性和优秀品质的形成，也有助于孩子能力的发展、知识的积累和审美情趣的培养。

鼓励孩子应充分肯定孩子的优点，避免伤害孩子的自尊心。

爱德逊太太因为儿子彼特在学校经常闯祸而深感失望。在老师讲课时他故意打断讲话，每次这样做老师都要罚他造50个句子。老师惩罚彼特，而他又不肯屈服，常常拒绝造句，这样惹得老师加倍惩罚。爱德逊太太害怕孩子变得不可救药，开始嘲笑他，希望能激发他的自尊心而努力学习。可是这样孩子在学校和家里都受到了惩罚，给彼特很大的打击。彼特渐渐失去信心，再也不想有好的表现了，于是整天我行我素，毫不在乎，一副任何批评表扬都无关紧要的样子。爱德逊太太非常着急，最后要求与老师面谈，共同探讨教子的方式方法。爱德逊太太问老师彼特的坏行为在他的总体表现中占多大比例，老师说：大约15%。爱德逊太太十分惊讶，因为15%的坏行为和85%的好行为相比起来数字悬殊，坏行为却得到了更多的注意，正是这15%的坏行为给孩子留下一个坏名声，使得彼特对自己丧失了信心。

这个例子是带有普遍性的。我们常常因为孩子在某些方面的不足，穷追猛打，期望他改变，致使大家的注意力都对准了孩子的坏的方面，双方都丧失了信心。

只有当我们对孩子有信心时，才能有效地鼓励孩子，而只有在孩子对自身有信心时，他们才能无障碍地接受鼓励。

四、多多肯定赞美你的孩子

伟大的教育家洛克说：“父母越不宣扬子女的过错，则子女对自己的名誉就越看重，因而会更小心地维护别人对自己的好评。如果父母当众宣布他们的过失，使他们无地自容，他们越觉得自己的名誉已受到打击，维护自己名誉的心思也就越淡薄。”

父母的赞美之声就是孩子判断人、事的标准。孩子的年纪小，对许多行为的好坏无法自行判断，必须以外在力量作为衡量标准，父母的反应就是孩子评价事物好坏的最主要依据。因此，称赞可以给孩子鼓劲。有效的称赞就像生命中的养料，会使孩子得到很大鼓励，让他们雄心勃勃，信心十足。父母的表扬比其他人的表扬作用更大。父母是子女最亲近的人，父母的一言一行，都会在孩子那里产生很大的影响。称赞比责骂来得有效，父母们不妨慷慨地称赞自己的孩子。

称赞是对孩子的肯定。称赞的另一个作用，就是告诉孩子已经达到了父母期望中的水平了。比如，孩子图画得了“良”，父亲称赞他取得了好成绩，那么孩子就会以为“良”就是父亲所期望自己能达到的水平，以后就会把“良”作为努力的方向。如果父亲这样说：“这幅画真不容易画，你一定很努力才达到这样的成绩。”孩子因为父亲了解自己的原有水平和这次的努力，就会兴奋地说：“是很难，还有很多小朋友成绩也不好，我是做了很大努力，下次我会争取更好的成绩。”父亲没有对“良”表示称赞，而是对孩子的“努力”提出表扬。如果父母都很诚恳地称赞孩子使父母确实感到满意的地方，孩子就会感到父母在分享他成功的乐趣。为了让父母更高兴，孩子就会更自觉、更主动地去争取更好的成绩。

有的父母认为，孩子没什么好行为值得称赞，其实这就看父母有没有树立起这种观点。如果父母认识到赞美可以发挥很大的作用，他们会发现孩子身上可以赞美的东西就多得很。

因此，关键还是父母有没有用心。只要父母时时提醒自己多看看孩子的优点，就一定会感到孩子越看越可爱。正因为如此，父母看到孩子的优点时，不要吝啬，大声地说出来。大优点大称赞，小优点小称赞，只要经过几次以后，父母会发现，赞美的话越说越自然了。赞美孩子不像责备孩子那么困难了。

这里要特别提醒父母的是，称赞要诚恳。诚恳的表扬是最重要的，虚伪的表扬和夸张的称赞，很容易被孩子觉察，这样不仅失去了称赞的作用，反而会给孩子留下父母不诚实的坏印象，那就弄巧成拙了。

诚恳地称赞孩子就不能只说“好棒”、“好乖”等没有具体意义的话，还要用具体的事例加以说明，这样才能让孩子感觉到父母是真心称赞，而不是随便说说。

华盛顿是美国的奠基人，美国第一任总统。他从小聪明能干，好奇心强，不论对什么事情都要动脑筋想一想，好问个“为什么”。

华盛顿的父亲是个大种植园主，非常喜爱花草树木。在自家的花园里，他亲手栽培了几棵樱桃树，每天浇水、松土，视如珍宝，樱桃树长得既快又壮。

一天，父亲出去了，华盛顿望着枝叶茂盛的樱桃树，脑子里闪出个大问号：这几棵樱桃树为什么能长得这样好呢？

他皱着眉头来回打量，突然自言自语地说：“哼，这树干里说不定有什么‘宝贝’呢！弄开看看。”

看看家里没人，华盛顿就找来一把斧头，来到树前“咔嚓”一声把樱桃树砍断了。然后，他扔下斧头，拿把小刀，急切地在树干里拨呀、找呀，但始终没找到什么“宝贝”。

他泄气了，心想：“‘宝贝’没找到，树也砍坏了，父亲回来一定会打我的。”

父亲回来了，像往常一样，先去看樱桃树。华盛顿望着父亲的脚步，紧张得冒出了一身冷汗。

果然，大祸临头了，父亲拣起被砍断的樱桃树枝，恼怒地追查：“这是谁干的？谁干的？真是太坏了！我要扭断他的胳膊。”

听到喊声，全家人都跑出来，然后摇头摆手表示不是自己砍的。

华盛顿心想，明明是自己砍的，何必连累别人呢！

他咬了一下嘴唇，走到父亲跟前说："爸爸，樱桃树是我砍的！"

父亲正要举手打他，华盛顿睁着一双大眼睛望着盛怒的父亲说："爸爸，我告诉你的是事实，绝没有说假话！"

听着儿子的申述，父亲的愤怒顿时消失了，心想："是呀，孩子虽然砍坏了樱桃树，但他却认识了自己的错误，而且能诚实勇敢地承认错误，我怎么能打他呢？"

他亲切地拉过华盛顿说："孩子，你不必害怕，我不会打你的。因为，你这种勇敢承认错误的态度，比爸爸心爱的樱桃树要珍贵千万倍！"

接着他拍拍儿子的小脑瓜，询问了他砍树的原因。华盛顿如实地向父亲叙述了他砍树的想法。

父亲听了很高兴，吻了一下儿子说："是啊，对任何事情都要多问几个为什么。"

然后父亲大声向全家人说："我们家的每一个人，包括我自己在内，都要学习我们的小宝贝华盛顿这种诚实和勇于认错的精神！"

家教圣经

从小被尊重的孩子，长大后就不用你为他操心。

五、培养孩子拥有良好的性格

如果一个人的性格开朗直爽，那么他就很容易被他人接受，交往活动范围广泛，就有走向各种人生道路的可能性。如果性格孤僻，他的交往活动就只能在狭窄的范围内，他做任何事情都不愿同人们直接配合，结果往往是半途而废，走向成功的人生道路可能就会一直处于关闭状态，从某个方面说，性格是决定一个人成功的关键。

有些孩子性格直爽、开朗，有些孩子孤僻、内向。有关专家认为这些不同的性格既不是天生的，也不是孩子独创出来的。当孩子的生命力在现实生活中得不到充分锻炼时，他们总觉得自己与现实生活相脱离，不能很好地去适应。其结果就是孩子失去原有的那种直爽、开朗、刚强的天性，出现了与原有天性不太一致的不良性格。

性格是会改变的，而且会不断地改变。生活环境一旦变化，人的性格也有可能变化。很多父母都指责自己的孩子养成了坏习惯，并希望他改正。但如果父母不反复正确地加以引导，其坏习惯就不易改变。虽然性格会改变，但性格的基础是在孩子早期生活中形成的。最初几年的生活习惯，父母的态度，家庭气氛，都会慢慢改变孩子的性格特点。因此，每一个习惯在其开始形成时都特别重要。

小林是北海道一个渔民的儿子，他的父母很无知，因此他没有机会接受良好的早期教育。他的父亲是个终年在海上的渔民，艰辛的生活和海上时常遇到的危险将他变成了一个脾气古怪暴躁的人。生活在这样的家庭环境中，小林的性格也受到了父亲的影响。尽管如此，他依然明白一点，那就是，如果想要摆脱现在这种糟糕的生活，不再重复父亲的老路，必须要努力学习才行。所以，小林除了帮家里做事之外，还拼命地读书，上中学和大学时的成绩始终很优秀。

看到这里，或许有人会想：那么从此以后，出生在渔村的小林一定得到了彻底改变。的确如此，小林改变了很多，包括他的生活条件和周围接触的人。但是，丝毫没有改变的就是他从小养成的性格，而这恰恰是最重要的。

和很多上了大学的人一样，小林毕业后在城市找了一份工作，没有回到北海道的渔村。那些渔村里的乡亲们都认为小林已经发达了，在他们眼里，小林就是他们的骄傲，但现实往往事与愿违。

小林的工作单位是一家贸易公司，他的职位还算不错。我们都知道，这种公司的工作性质注定了要和各种各样的人交往，因此，每一名职员都应该具备很好的人际交往能力。但是，小林不仅和同事相处得很不愉快，还经常和客户闹别扭，一点点鸡毛蒜皮的小事就能引发他的争吵，甚至辱骂。最后的结果是，公司很快将他开除了。

但是小林并没有从中吸取教训，他依然自以为有本事，在新的公司里狂妄自大、行为粗鲁、不尊重客户和同事，就连对待上司，也是常常无理取闹地顶撞，也就是说，他的性格没有丝毫改变。于是，他一次次地被开除，又一次次地开始找工作，落入了一个循环的怪圈之中。那时候的小林很年轻，也有一些能力，但是年岁不饶人，他渐渐地发现自己找工作不再像从前那么容易了，因为又有很多更年轻、更有能力的毕业生涌现出来。

后来，小林再也无法找到新工作了，他开始灰心丧气，自暴自弃，整日沉溺于酒精之中，每天都喝得酩酊大醉。等那些为数不多的积蓄花光之后，小林更是一筹莫展，他没有钱交房租，也没钱买食物，更没有回家的勇气。最后他只能流落街头，成为一名流浪汉。但是由始至终，他从来没有反省过自己。

小林的“奇特经历”曾经在《北海道日报》上报道过，文章的题目是《从大学生到流浪汉》。记者从一个偶然的机会了解到这个穷困潦倒、蓬头垢面的流浪汉竟然是一名大学生，居然还在几家大公司有过工作经历，于是就开始采访已经混迹街头的小林，下面是一小部分采访内容：

记者：听说你是个大学毕业生，这是否属实呢？

小林：一点不假，我当时读的是财务专业。

记者：那么，是什么原因让你选择现在的生活而舍弃了原来的专业呢？

小林：选择？我可没有选择，完全是没有办法。

记者：为什么？

小林：因为那些人没有重用我。

记者：那些人是谁呢？

小林：除了那些公司的老板还能有谁？

记者：请详细说明。

小林：那些人觉得我性格不好，没有礼貌。他们只看重员工的态度，而不重视员工的才华。我认为，只要能够好好地完成工作，又何必计较小节呢。我的确有些爱骂人，爱说脏话和乱发脾气，可这怎么能怪我呢？我又不是故意的，天生就是这种性格。

记者：不过我们都认为人与人之间应该互相尊重，对别人应该友善，那么请问，你如何看待这个问题呢？

小林：这种观点当然是对的。但我只是无法改掉小时候养成的习惯，并不是故意要辱骂别人。唉，没有人理解我！

年轻的父母们，千万不要让不良的性格影响孩子的一生。

孩子是否有良好的性格，在很大程度上决定着他能否成为一个全面的人才，也决定着他在将来是否有所成就。

六、不妨给孩子找个“对手”

世上没有不爱自己孩子的父母。有些父母为了孩子成材，不惜交高额的学费送孩子上贵族学校，甚至牺牲了所有的节假日陪读陪练，教育孩子其间，父母少不了强制教育，棍棒拳脚，但结果往往不尽人意，有许多孩子因此而产生了抵触情绪和逆反心理，使家长们十分苦恼。问题出在哪里呢？细究之下，才知道是父母们没有给孩子找一个“对手”。人们常说，没有竞争，就没有动力，在孩子的学习道路上，不能没有竞争。因此，应该尽早为孩子寻找竞争对手，让孩子的学习更自觉。

有个孩子是一所非重点学校的学生，在班上学习成绩还算不错，于是有点沾沾自喜。为了改变孩子的自满情绪，家长专门从重点学校里找了一个与孩子同年级的学生，让他和自己的孩子一起做几道练习题。那个学生做得又熟练又准确，而这个孩子虽然也做对了，但做得比较慢而且也不太熟练。后来两人又一起做一道课外补充题，那个学生不一会儿就想出来了，而这个孩子却做不出，因为在他们学校，老师从来不教这类题目。这样一比较，这个孩子才心服口服，他嘴上虽然没说什么，可从此再也没有那种骄傲自满的神态了。

如今的孩子大多数是独生子女，家里的爷爷奶奶、姥爷姥姥以及父母甚至更多的人都围着他转，因此，这很容易使孩子养成唯我独尊的性格。这种性格体现在学习上，就是孩子自满自足，没有压力感，以为天底下只有自己好，不是说这个同学笨，就是笑那个同学傻。尤其是班里的学习尖子，只盯着自己班里的同学，那么在学校里呢？在市里呢？很少考虑。因此，对于这些孩子，最好的办法是让他知道天外有天，学会竞争，这样才能改变孩子的这种心态。

为了让孩子提高适应社会的能力，必须让孩子从小既学会合作，又学会竞争。但是怎样让孩子学会竞争呢？有效的办法就是经常在他的身边树立一个友好的竞争对手。

家长在给孩子寻找竞争对手时，应注意以下几个方面：

（一）为孩子寻找竞争对手，要求要具体明确

为孩子寻找竞争对手，主要目的是为了鼓励孩子更好地学习，而不是让对手压倒孩子。因此，家长应在充分肯定孩子成绩的前提下，不断提出具体的（有名有姓）竞争对手，来激励孩子。给孩子找的竞争对手，越具体越好。比如父母可以激励孩子：这一次你超过班上的尖子某某同学，这很好，我相信你下一次可以超过年级的尖子某某同学。

（二）培养孩子竞争意识，同时要学会欣赏他人

家长应经常教育孩子多看别人的优点，欣赏他人。如具体指出某位

同学在功课上虽然不如你，可人家唱歌唱得好，声音甜美。时间长了，孩子就慢慢学会全面评价一个人：人家这方面可能不如你，但别的方面也有你不如的地方。这样，孩子长大后，才会成为懂得欣赏他人的人。

（三）教育孩子正确对待竞争中的胜利与失败

有竞争就会有胜利和失败，家长应该让孩子认识到在取得好成绩时，要想到“山外有山”的道理；成绩落后时，也不要灰心丧气，引导孩子找出成绩落后的原因，并帮助孩子迎头赶上。

（四）经常为孩子变换竞争对手

如果孩子学习差，有个阶段在班上成了差等生，家长可以告诉他，失败乃成功之母，只要努把力就会摆脱落后的困扰。家长应为孩子寻找一个比他稍好一点的孩子作为竞争对手，让孩子感觉到，只要努力，赶上是没有问题的，于是孩子会暗暗开始一场较量。由于孩子自觉努力，当然会战胜这个竞争对手。在孩子进步之后，家长应再启发他寻找新的竞争对手，开始新一轮的竞争。

给孩子找个对手，让孩子从小就学会在竞争中成长，这对孩子的早期教育非常有益，同时也对孩子的成长大有好处，更重要的是，这种竞争意识可能会影响孩子的一生。

给孩子找竞争对手，也有以下几个误区。

1. 对孩子取得的成绩不加以赞赏或鼓励，而是冷冷地说：“这有什么呀，某某同学比你强多了!”

2. 给孩子找的竞争对手不明确，比如孩子在班里得了第一名，父母对他说：“你真棒，不过比你好的学生多着呢，你要努力呀!”

3. 给孩子找的对手过高，孩子无论怎么努力都赶不上，丧失毅力，从而泄气走向反方向。

孩子的自我意识的提升过程就是学习进步的过程，要提高孩子的自我意识，就需要“反馈”作用，也就是镜子的作用。为自己的孩子找一个竞争对手，比如同桌、邻居家的小孩或成绩排在孩子前面的同学，可以鼓励孩子超过他们，鼓励孩子做他们想做的事情，以开发他们的智力，发挥他们的潜能。

七、不要给孩子太大压力

每个父母都希望自己的孩子能够成才，可以在将来拥有一番成就，所以不停的要求他们学习，把他们和别人的孩子做比较，却忘记了他们还是个孩子，孩子再聪明也有他们自己的乐趣和天性。所以不要把过高的期望强加给他们，这样反倒可以帮助他们更好的成长。

每个做父母的，都对孩子的前程充满了美好的期待，都希望他们能够出人头地，希望他们出类拔萃，希望他们长大以后成为一个有成就的人。这个时代充满了巨大的压力，不管是成年人还是孩子，为了让孩子能更顺应社会的潮流，家长们无不忧心忡忡，他们迫切的想为子女提供一切优良的条件，认为这样就可以促进孩子进步成长。他们千方百计地为孩子创造这样那样的条件，不顾孩子是否能承受是否有兴趣，以自己认定的模式塑造孩子，严格的要求孩子只许成功，不许失败，这种苛刻的要求，给孩子带来极大的压力。不仅孩子如此，大人也是备受煎熬，细细想来真的是得不偿失。

有句话说得好："孩子是父母的希望，是家庭的未来。"做父母的一定是爱孩子的，从孩子出生以后，父母就为他们播下了希望的种子，希望他们成为一个聪明好学的好孩子，对社会有用的人才。无可厚非，期望本身就是一种有信心的等待，父母对孩子寄予厚望，是一种信任，这有利于孩子增强自信心、进取心，是孩子进步的源动力。

美美是个13岁的小女孩儿，小时候妈妈把她送进了重点小学，凭借天生的聪明才智，美美的每次考试成绩都能高居榜首。后来美美考上了师大第二附中的尖子班，由于这里的高手云集，美美的心理压力越来越大，考试成绩也不像小学时那么如意了，美美开始尝到了失败的痛苦。这时候，她很希望得到父母的鼓励安慰。

一次考试后，美美神情沮丧地回到了家。一到家，妈妈洋溢着满脸的希望，追问起来："考得怎么样呀?"看到妈妈的神情，美美深深知道妈妈希望得到的是自己充满自豪的回答，但自己今天却给不了了。这个时候美美心中深深地自责起来，她告诉了妈妈考得不好。妈妈原来阳光灿烂的脸一下子堆满了乌云，只低低地应了一声："考得不好，下次再努力吧。"接着便回厨房去了。

看到妈妈的举动，美美忽然感到很万分的委屈和难过。妈妈嘴上虽然没有责怪自己，但美美知道她心里对她是极不满意的。她便发誓，下次一定要考好，这样才能对得起妈妈。

很快又一次考试来到了，这对美美来说，就好像世界末日降临一般。妈妈不断地对美美说："你要考不好，同学就会看不起你，老师也会看不起你，你周围一切的人都会看不起你。"就这样，美美的压力更大了，对考试产生了恐惧感。她眼中看到的只是考分，她的一切都是为了考分，美美觉得自己仿佛只是为了考分而活着。

然而，她考试的成绩却接二连三的不理想，美美逐渐失去了对自己的信心，她开始怀疑，妈妈爱的是美美还是美美的考分和荣誉?她真的希望妈妈能设身处地地为自己想想，别老盯着分数没完没了。

对孩子特别是孩子的前途和未来，哪个父母不满怀希望充满憧憬，希望孩子健康、漂亮、聪明，希望孩子出人头地、成名成家，希望孩子当大官、挣大钱。望子成龙、望女成凤是每个家长的心愿。但我还是想提醒大家，千万不要对孩子期望过高。

在当今竞争的社会里，父母往往会期望过高，希望自己的孩子比其他孩子发展得更快更好。他们期望孩子有天赋、聪明、什么都比别人好，最好还是位神童。如果父母没有进名牌大学，希望孩子是清华大学的学生；如果父母体育不好，希望孩子成为奥运健将；父母连琴键都不会摸，却希望孩子是另一个萧邦。也就是说，父母不成功，就寄希望于孩子获得成功，送孩子去学弹琴、学书法、学绘画、学戏剧等并施加压力，使之不落后于其他孩子。这是错误的，父母如果这样做，可能会使孩子有暂时的超越他人的能力，却往往是不能长久。

期望越高，压力越大。压力过大只能有两种可能：或是崩溃，或是逃避。所以千万不要对孩子期望过高，有一颗平常心。告诉孩子：做好你自己，做一个优秀的自己！父母也要告诉自己：世界上有神童也有天才，但凤毛麟角微乎其微，为什么偏偏要降生在我们家呢？我们的孩子只是一个普普通通、平平常常的儿童，和别人家的孩子比没有什么区别。有缺点也有优点，有长处也有短处，有不如别人的地方也有比别人强的地方，以一颗平常心待孩子、爱孩子。也让孩子心平气和、轻轻松松的享受我们的爱，让他们健康快乐的成长。

八、千万不要逼孩子

人都有惰性，在生活条件较好的情况下，很少有人愿意主动学习。如果一个家长想让自己的孩子多学习，最好的办法就是提高孩子各方面的学习兴趣，当孩子的学习兴趣提高了，他会自然想学，比家长逼着学要好得多。对此，家长千万不可缺乏耐心。

由于社会竞争日益激烈，父母往往对孩子抱有“恨铁不成钢”的念头，从而逼迫孩子。父母的这种心情可以体谅，但这种做法是极其错误的。现在，有很多父母为了使孩子能够成才往往是强迫孩子，逼孩子学习。父母要知道，强扭的瓜儿不甜。父母对孩子管束过严，剥夺孩子的自主权利，极度专制的后果会是怎样的呢？

一位妈妈带着她的两个孩子在吃午餐。一个男孩，长得很壮实，有什么就吃什么。另外一个女孩，挑食，好多菜都不吃，看起来很瘦。这位太太让小女孩多吃点肉，小女孩执意不听。这位太太反复说了多次，没有半点效果，几乎要发怒了。这时，旁边一个服务员走近小女孩，在她耳边只轻轻说了两句什么话，就见这个小女孩对旁边的男孩“哼”了一声，于是大口大口地吃起肉来了。

那位太太特别奇怪，拉住服务员一定要问她对小女孩说的是什么，怎么这样灵验？服务员笑着说：“您前几次带孩子来就餐，我发现他经常欺侮妹妹。我刚才就对她说，‘哥哥不是欺侮你吗？吃了肉，可以长得比他更胖、更有力气，他就再也不敢碰你了。’”

同样是让小女孩吃肉，为什么她的母亲都快发火了，小女孩就是不吃？而一个服务员只说了几句话，她就吃了，而且吃得还很多。为什么？原因很简单，就是因为：这位太太对孩子提出的要求仅是她自己的要求，而不是小女孩的需求；但是服务员的话却激发出了小女孩的需求，“我要增强体质，抵御外侮”。所以小女孩开始大口大口地吃肉了。

这位服务员的话虽然简单，但却蕴含着真正的智慧——把小女孩吃肉的需求激发出来了。我们所要追求的最好教育就是这种激发式的教育，激发孩子自己的需求：不是我要你吃菜，而是你自己想要吃菜！不是我要你勤奋，而是你自己想要勤奋！不是我要你学习，而是你自己想要学习！不是我要你考好，而是你自己想要考好！

这样，做父母的再也不用天天给孩子讲道理磨嘴皮子了，再也不用大喊大叫地逼着孩子去学习。

一般来说，那些成绩不佳的人，如果不是反复地催促他们学习，他们是不会自己主动学习的。如果老师不布置作业，家长不反复地督促他们就不知道该学习什么好。我们把这种没人催促或指示就不会学习的现象叫做“依赖式学习”或“被迫式学习”。而且，由于成绩不能提高，学习也就不会有什么乐趣可言了。

然而，家长必须清醒地认识到：孩子之所以“依赖式”地、“被迫式”地学习，其根源在于家长没有采用科学的家教方法。家长应该引导孩子自觉主动地去学习。父母对孩子干涉过多，一厢情愿地替孩子设计人生之路，使孩子的求知欲和学习兴趣过早地枯萎，结果是孩子对学习的厌烦和对家长的逆反。

即使在家长的严密监督下目前学习成绩不错的孩子，如果习惯于“依赖式学习”或“被迫式学习”，而自己缺乏学习主动性的话，随着年级的升高，成绩也会下降，一旦到了初中或高中，就会由于缺乏后劲，成绩直线下滑，甚至会彻底垮下来。

可见，为了让孩子成才，家长必须实施能够促使孩子自发地去学习的自主式的家庭教育。

自主学习的教育观点，几千年来，有许多的哲学家、社会学家和教育家做过精辟的论断。柏拉图说过：“教育者只能给予推动，使学生自己去找到必须认识的东西。”

奥古斯汀在《传统篇》中把教学改写为对学习者自己认识的助产。他认为，人们向孩子传授知识，传授理论的和实际的知识，能够做和应该做的一切是帮助孩子去理解知识的意义，使其自己获得对知识和世界的认识。教育者只能诱发孩子去理解和掌握认识的行为，但做出这种行为的人只能是被教育者，只能靠他们在自己学习的过程中去实现。

奥古斯汀说："教育者和被教育者之间应该是一种对话性的关系：学生能够理解教育者的意向、指示，然后对教育者采取有意识的态度；教育者促使孩子自己做出决定，教育者的职责是提醒，对孩子提出要求，孩子则必须自己完成这些决定。"

卢梭主张要"培养自然人"。自然人的特点是自爱、自主和自立。自爱即是要考虑自己、管好自己，要为自己负责。自主就是绝不按照老套的公式行事，不惧怕权威，要用自己的理智来决定自己的行动。自立就是要从小锻炼自己尽可能地依靠自己，非不得已不去求助他人，做自己喜欢的事情，又不超越自己的能力。

成才的孩子绝不是父母逼出来的！家长们，请速速停止对孩子的强迫命令、监督逼迫，而是采取各种巧妙的办法，激发孩子学习的积极性和主动性，让他们自觉主动地求知和探索，使他们在强烈的兴趣和旺盛的求知欲的驱动下欲罢学习而不能，使他们真心实意地爱学习，满腔热情地搞学习，倘若如此，还怕孩子的学习成绩不能提高吗？还恐孩子不能成才吗？

强制逼迫型的家教造就的是依赖型的孩子，孩子积极主动地求知的激情在逼迫的过程中会被扼杀殆尽，这对孩子的长远发展是非常有害的。

常见的家长逼迫孩子的行为：

(1) 常常对孩子的学习进行督促并提出要求，长期忽视孩子积极主动地探索知识品格的培养。

(2) 不注重对孩子进行启发，缺乏引导孩子好奇心和兴趣。不是让孩子自动自发地学习，忌讳孩子不断领悟新的知识。

(3) 不管不顾孩子的学习兴趣，只要不好好学习，就采取强迫手段，不懂得强迫只会使孩子更加叛逆。

(4) 强迫学习使孩子长期处于高压状态中，严重伤害孩子的身心健康。

父母大多希望帮助孩子做作业，帮助孩子解决问题，使孩子学习成绩好。但结果那只是愿望，实际上孩子由于思维能力、自学能力、学习能力受到限制，孩子的智力因素在学习中得不到充分的发挥，从而降低了学习质量，影响了考试成绩。

九、和孩子一起成长

陈太太的儿子整天泡在网吧，不仅学习成绩直线下降，还偷家里的钱去网吧上网。陈太太没少用“武力”管教儿子，可儿子就是改不了。

与陈太太有相似难题的人还有不少，对此，有关专家提出，要了解孩子性格，对症下药。

据调查，目前进入网吧的网民七成以上是学生，其中50%进入聊天室，50%在玩网络游戏，大约总数的50%曾光顾过成人网站。孩子们整日泡在网上，生活规律被打乱，逃课弃学，甚至离家出走，这种种情形无不令家长们揪心。面对孩子的网瘾，家长该怎么办？我们提供了以下几条建议：

1. 妈妈也有Email

小艳平时的功课很紧张，但她一有空就会上网放松一下，给自己的好朋友发个Email，用QQ、MSN等跟同学聊聊天，有时候下载一些自己喜欢的新歌。爸爸办公室的电脑和家里的电脑上都装了很多小艳下载的东西。爸爸妈妈都是中学老师，他们一直都不太干涉小艳的自由发展。

这学期刚开学不久的一个周末，小艳上网的时候收到了一封陌生的邮件，一打开竟然是妈妈发的。妈妈在邮件中讲了这两天跟爸爸学习申请邮箱和收发邮件的趣事，说网络原来是这么好玩的，如果正确使用的话，电脑原来是这么好用的。小艳想起来这几天，每晚她做功课的时候，妈妈都没有看电视，而是跟爸爸躲在书房里，原来是在学电脑。小艳对妈妈的感觉一下子亲近了很多。

从此，用Email聊天成了母女俩最快乐的事情之一，很多不方便当面讲的话，妈妈也可以通过Email问女儿了。小艳觉得妈妈有时候更像是知心的朋友，她会调皮地问小艳有没有喜欢的男孩子，并教他怎样跟男同学交往。小艳有时候跟妈妈推荐一些新出的歌，妈妈总会认真地听，有时候还跟小艳提出自己的意见。小艳说，虽然妈妈在Email里面也会说教，但感觉跟妈妈是有共同语言的，妈妈给她发邮件，让她很有新鲜感，而且很多话能够听得进去。现在打开邮箱发现妈妈竟然给自己写了那么多的信，感觉很感动的。

现在的很多小朋友，他们不太愿意跟父母讲话而宁愿到网上去找网友聊天，其实父母如果换一种方式，用孩子喜欢也能接受的方式，如Email等方式跟孩子交流，会起到意想不到的效果。对新的网络知识，父母也要有所了解，网络会成为一种跟孩子交流很好的方式。

2. 尊重孩子的隐私

很多父母喜欢在半夜检查孩子的书包，看有没有情书之类的东西。现在很多孩子喜欢在网上跟同学朋友交流，一些父母便担心孩子的“恋爱”阵地是否转移到了网上，于是有的父母便把关注点从检查书包、偷听电话转移到了网络上。

有一个男孩子特别喜欢上网，可是每当周末他在家里上网的时候，妈妈老是借口到房间里来，不是端杯水进来，就是送点心吃，或者提醒睡觉等等，一进来总站在他背后看半天，让他有一种被监视的感觉，特别不舒服，后来他就不想在家上网，干脆去网吧玩了。有一个女中学生，爸爸是个网络工程师，她发现每次父母跟她聊天都能掌握她的最新动态，连她跟同学间的一些小秘密父母都能知道，原来是爸爸“黑”了她的电脑，“偷窥”了她的很多秘密。为此，父女间的关系一度非常紧张。

其实，网络只是孩子多了一种交流的平台和方式，父母不必要紧张过度，并不是每个孩子上网都是沉迷于打游戏，也不是每个孩子在网上聊天就会学坏。父母要尊重孩子的隐私，不要胡乱猜疑，特别是一些对网络很精通的父母，即使破解了孩子的密码，知道孩子的动态，也最好能做到心中有数，适当引导，而不能横加干涉，不然反而会把孩子逼到网吧里去，造成孩子对父母的不信任，产生隔膜等等。

3. 有能力帮助自己的孩子

网络是把双刃剑，虽然对孩子有积极的帮助，但如果不正确使用沉溺其中的话，对孩子的伤害也是显而易见的。作为父母，应该多了解网络的利弊，跟孩子一起学习计算机和网络的知识，家长知道的越多，对孩子的指导和帮助就越大。

现在的家长和孩子们相比，家长的计算机知识普遍少于孩子们。有的家长对计算机了解得不多，对孩子们长期接触网络心存顾虑，害怕他们上网耽误太多时间，又害怕他们在网上看一些不该看的内容，因此孩子上网时家长总是变着法子地进行干预和监视，比如端杯水去，送点心吃，提醒睡觉等等，无非都是想进去看看他们在做什么。相反，如果家长懂一些计算机和上网的知识，你不仅对孩子的行为有所了解，而且你们之间还可以进行一些交流，这样不仅不用担心孩子们受到不好的影响，而且可以很好的增加亲子感情。

首先，父母要认识到电脑游戏的危害性，网络游戏内容多是“攻击、战斗、凶杀”，青少年长期在虚拟环境中玩飙车、砍杀、爆破、枪战等游戏，火爆刺激的内容，会让孩子混淆虚拟游戏与现实生活，对他们的成长不利，所以对孩子玩网络游戏，父母一定要适当控制。

其次，现在的小孩子都喜欢上网聊天，网络成为他们跟同学、朋友联系的一个重要桥梁，但在网上与素不相识的所谓网友闲聊，不仅浪费了大量的精力与时间，还容易遭遇意外情况，网上不良信息对中小学生的危害尤其巨大，会严重侵蚀孩子们的心灵等。

家长们应该多跟孩子交流，支持和鼓励孩子正确运用网络，比如跟同学讨论问题，跟老师请教作业等，但对一些暴力、凶杀等内容的游戏坚决制止。父母还可以通过网络的设置，禁止孩子上不良网站等。

4. 跟孩子一起制订网络规则

网络是一种新事物，也会带来新问题。许多父母常常用自己成长过程中的经历和经验来教诲自己的子女，可是面对网络，他们却有点不知所措，因为他们从来没有经历过，也没有办法从别处获得些经验，因为他们的同辈也没有经历过，越来越多的机构在努力让学生接受网络，越来越多的学生正在学习网络，家长们也就越来越不知所措。

如今，很多家长对孩子上网问题采取了比较极端的措施：多数家长要求孩子在上网时必须有人监管，有的家长更是严令禁止孩子上网，同时也有部分家长由于各方面的条件限制，对孩子上网采取放任态度。

其实，家长不闻不问，或过度控制都不是科学的教育方法。不如家长跟孩子好好谈一次，然后制定一个上网规则，大家一起遵守，该学习的时候学习，该游戏的时候游戏，何乐而不为呢？

家长可花点时间与孩子一起用电脑，甚至拜孩子为师，跟孩子学习电脑知识。家庭电脑最好不要成为孩子的专用品，让电脑成为家庭公用的，家长可以让孩子在规定时间优先使用。在共同使用电脑的过程中，家长不仅能注意孩子的动向，及时纠正孩子的不良倾向，而且家长要教导孩子如何选择合适的软件内容，那么既可帮助孩子过滤一些有害信息，又可了解孩子的世界，增加亲子之间沟通的话题与内容。

提高孩子的综合能力

一、培养孩子抗挫折的能力

“妈妈，你看，彩虹！”

“美吗?”

“美！”

“宝贝，你知道吗？彩虹其实就是阳光。”

“阳光？我们平时见到的阳光，为啥没有这么美呢?”

“因为在雨后，空中留存的雨雾把阳光折射了，从而产生了七彩的光芒。这阳光的折射，就像人生的挫折，折射使阳光美丽起来，挫折也会使人生美丽起来。”

“妈妈，我知道了，彩虹就是受了挫折的阳光。”

关于挫折教育，早在远古时代就已经开始了。在一些原始部族里，少年男子如果想拥有成年人的权利，被社会所接纳，必须要通过一次优胜劣汰的残酷的考验。大人们把这些男孩放到一个没有人烟、野兽经常出没的恶劣困境中，让他们品尝孤独和挫折的滋味，让他们学会面对和战胜各种困难。只有经过千辛万苦，奋力挣扎返回部族居住地的男孩，才能证明自己已是个成年人，是个真正的男子汉，他才能享有成年人的一切权利。这种考验可视为人类早期挫折教育的雏形。当然，这种以生命为代价的挫折教育，不免有些残忍。现代社会里，尤其是一些发达国家，更加重视对下一代进行挫折教育。

比如在日本，孩子走路摔倒时，父母从不去扶他们起来，而中国的很多孩子跌个跟斗，碰破点皮好像就不得了，家长赶紧把孩子扶起来，还要对门坎、地面发一顿火，狠狠地敲打几下，以此来哄孩子，结果导致孩子长大后，一是犯了错误往往嫁祸于人，二是经受不了挫折，产生的心理问题也比较多。

曾经有过这样一篇报道：

有一个女生，学习特别好，人称“三脑袋”，物理、数学、化学都能考满分。她的父母非让她报考全国顶尖大学不可，她不想去，可父母逼着她去。她违心地去了那所大学，在入学后的考试中，她的成绩排第18名，面对这样的结果，她这位当地的“状元”哪能承受得了！妈妈在学校陪了她一个月，妈妈刚离开，她就跳楼自杀了。妈妈闻讯赶回学校，哭干了眼泪，一声一声地喊着：“是我害了我的女儿！我当初不逼她，也不至于到这个地步啊！”

请问一下家长，如果这是你的孩子，你怎样对待？且不说孩子承受力如何差，抗挫折能力如何缺乏，单说家长的一生心血，不都付诸东流了吗？为了孩子能够出人头地，家长真是操碎了心，什么事情都替孩子想好、办好，甚至把孩子将来的前途都设计好了。但活生生的现实提醒了我们：你的那些设想和做法，符合社会的需要和孩子成长的规律吗？即使什么都替孩子打点好了，你也管不了孩子的一生。

世界上最长的路是人生之路。人生路上，每一个人都有着自己的使命。那么，父母的使命是什么呢？做孩子的知心朋友，陪孩子走一程。显然，培养孩子抗挫折能力，承受能力是十分重要的。近年来，日本比较流行的做法是，定期给孩子安排清汤萝卜、粟粒煮成的“饥馑午餐”，目的是让他们了解父辈的艰苦生活。一些家庭还专门让孩子到中国来参加夏令营活动，让孩子背着很重的背包，到草原上走一走，尝尝吃苦的滋味；他们有时还把孩子放在荒岛上，让孩子懂得什么叫饥饿，让他们学会自己生存。所以这些日本孩子身上有一种不怕困难、坚毅不拔的精神，耐受力很强，即使发了烧，自己想办法，不去找别人。因为从小家长就告诉他们，爱护身体是自己的事，自己的事要自己负责。

有一个城里人开车到郊外的田野上闲逛，他除了有点想念老家，还想让儿子认认各种庄稼的叶子，能抓只螳螂什么的更好。没想到小男孩眼尖，扯着农民的衣襟喊了起来：“伯伯，你看你不小心，把高粱的根锄断了！这儿，这儿，那一排也是，只剩连着的一点儿了，你是不是没戴眼镜看不清呀?”

农民直起腰，扶着锄笑了。他对小男孩说：“我不是看不清，我是故意锄断的。”农民转身问城里人：“你也不懂吧？这叫晒根，说起来就是折磨它，把它两边的根锄断，晒在日头下。过些时候来培上土，高粱就开始疯长，拼命地朝下扎根。俺这儿是丘陵山区，一到夏天，风大雨大，高粱没有结实的根，根本站不住。”

看城里人一副恍然大悟的样子，农民又说：“不光是高粱，小葱秧也是摆在地上晒几天，晒得焉焉的再栽，一沾水土，立马就活了过来，越发精神。”

人也是这样的，小时候不学会吃苦，长大了也脆弱，经不起风吹草动。风雨人生路，适当地晒晒孩子的根，很有必要。人生道路上，我们既然没办法避免困难、挫折，那就只有加强磨难教育，增强孩子的抗挫折能力。

怎样培养孩子的抗挫折能力呢?

①引导孩子认识到，抗挫折能力的强弱，决定人一生成就的大小。人有旦夕祸福，月有阴晴圆缺，古往今来都是如此。没有人一生都是一帆风顺的，总会遇到不幸的事。所有为人类做出大贡献的伟人，都经历过无数次挫折，都有很强的抗挫折能力。

②把考试失利这一挫折当成机遇。当成什么机遇呢？当成磨练自己

意志的机遇，当成增长自己能力的机遇。

③在挫折面前要满怀信心。情绪不好时，不妨放开喉咙呼喊几声："我能成功！我能成功！我能成功！"面对挫折，决不退缩，决不半途而废，而应该千方百计地去寻求新的解决问题的途径。

④在今后生活、学习中，凡是孩子自己能做的事，父母千万别包办代替。只有这样，孩子才会在克服困难中增长能力。

⑤早晨或晚间，培养孩子锻炼身体的习惯。在坚持锻炼中经受挫折，有意识地多磨练他们，每天督促他们坚持跑步，不要心疼他们。节假日，同他们一起去远足，去爬山，在奔跑攀登中锻炼他们抗挫折能力。还可以和儿子下棋，特别是下残局，不要让孩子轻易认输，这才有利于增强孩子抗挫折的能力。

二、培养孩子的生存能力

国外教育的发展方向其中之一就是让孩子拥有"生存能力"。"学会生存"是从20世纪70年代开始被人们重视起来的国际教育思潮，其主旨是培养孩子适应社会的能力，并强调了教育必须满足社会需求。因此，教育的重点要从以往的传授知识转移到培养能力上去。

在澳大利亚，有的孩子从小就被家长送去学开船，教练常常把船泊在浅滩上，船底船身难免会沾满沙子。小男孩猫头的工作就是用抹布、清水把它们清洗干净。11 岁那年，他趴在船身上，在太阳下一天干 6 个小时，整整干了一个暑假，他妈妈也不会因心疼而阻拦。因为在她的观念里，猫头有权力也有能力安排自己的时间。

鱼生有阵子上课时老打盹，问他原因，他自豪地说："我每周四早上 5 点到 7 点在我家的街区送报纸，一次可以挣 14 块钱!"班上其他男孩羡慕不已。

以大多数中国家长的心态去考虑，是决不会允许这类事情发生的：让孩子到浅滩擦船，出了意外怎么办？为了挣 14 块钱上课打盹，学不好功课怎么办？而澳大利亚的家长们却不这样想，他们认为培养孩子的能力最重要，而不是看重孩子学了多少具体知识。

澳大利亚的孩子们都特别能忍耐，他们从小被教育：身上不舒服可以告诉家长去看医生，但不可以没完没了地抱怨、呻吟，抱怨是没出息的表现。冬天里女生们都清一色穿裙装校服，小男生则穿短裤西装。即使是星期天，家长也不给孩子们穿厚衣服，他们仍是一副短装打扮在公园的草地上跑来跑去。澳大利亚家长希望他们的孩子长大后敢做敢当，有能力，同时还要有从小锻炼出来的不怕寒冷、饥饿、劳累的健壮的身体。

而我们国内大多数父母的做法则多少显的有些"非理性"，比如我们身边经常会发生这样的事情：孩子在前面跑，家长在后面追。干什么？喂饭。跑在前面的孩子玩玩这个，玩玩那个，后面的人不停地说："宝贝，再吃一口。"

4 岁的孩子有一天突然心血来潮想擦地板，妈妈赶忙阻拦："不用，不用。你还小，就算长大了这些事情也不用你干。"

家长对着孩子大声谩骂："语文、数学成绩不好，唱歌好，体育好有什么用！你真是不务正业！以后不许再出去疯了，好好在家学习。"

像这样的例子我们太熟悉了，真是举不胜举啊！

造成这些家教问题的主要原因有：

①家长没能把孩子摆放在恰当的位置，许多孩子在家里的地位是"小皇帝""小太阳"；

②家长对子女的期望过高，许多家长常常对孩子提一些不切实际的要求；

③片面关心子女的成长，特别是：重视子女饮食的营养，忽视身体锻炼；重视物质生活，忽视精神需求；过分照顾孩子，忽视培养孩子的自理意识、自立能力，特别是抗挫折的心理承受能力。

我们的家长对孩子的语言表达能力、阅读能力等基本智力能力的发展非常重视，却忽视了人的基本能力——生存能力，可这些被"不小心"忽略的能力，却是孩子一生成长中最重要的能力。

那么，家长应如何培养孩子的生存能力呢？

①家长要明了，孩子是独立的个体，有自己的主张，想做什么事就让他们去做（只要不犯法）。想擦地板，没关系啊，让他擦，顺便教会他们方法，给予表扬……

②对子女的要求应该从实际出发，尊重、引导孩子的兴趣，尽量让他们发挥最大的潜能。

③教孩子学会知难而进。据报道，日本的孩子走路摔倒了，多数不哭，因为从小受到的教育是严格的，孩子刚要哭，家长就说，站起来，往前走，以后走路要小心。孩子就是在这一次又一次摔倒，一次又一次自己爬起来的过程中，学会了拼搏，学会了知难而进，这为他们日后的发展奠定了良好的基础。而很多中国孩子摔倒了，孩子并没有哭，可家长跑过去又是问疼不疼，又是用手揉，孩子反倒哭了。

④耐心地引导，绝不能无原则的溺爱。孩子自小就得养成“自己的事情自己做”的习惯，孩子不想吃，就不勉强吃（肚子饿了他自己会吃）。特别是孩子摔倒了（没有受伤），千万不要去扶。美国人教育孩子有这样一段话，“只有让孩子撞破头的时候，他才会真实地感觉到墙是硬的，否则，他永远摸不透墙的脾气。”当然，在他撞墙之前，父母一定要提醒他墙是硬的，否则就是失职！

⑤教孩子走向社会。社会在变革，知识在更新，新的时代要求我们把孩子培养成为思维灵敏，判断准确，主意巧妙的人，只有这样我们的

孩子长大后才有可能成为驾驭时代的人，未来的社会需要的是既有知识又有才智的人。我们教育孩子一定要有超前意识，从儿童时期就应有意识地培养孩子的生活技能和安全意识，告诉孩子“善”与“恶”。在生活中应有意识地锻炼孩子的应变能力，独立处理危机的能力，保护自己的能力，这些都是日后成才必备的素质。

三、培养孩子的应变能力

灵活应变是体现孩子能力的重要方面，它是指能够随着各种环境状况的变化而相应的做出适当的调适，同时还能充分了解自我，沉着而不失理智。培养孩子应变能力，随时做好把握机会或解决问题的准备，可以帮助孩子变得更果断。

有一个女孩，她的父母因急事没有回家，不知所措的她竟然在门外等候了近 6 个小时，如果不是被邻居发现并领回家中，很可能就在门外过一晚上。事后，隔壁邻居阿姨是这样说的：“幸亏我昨天晚上回来时，看见孩子坐在家门口，要不在那里坐一晚上还不冻死了……”

阿姨说她回来的时候，楼道里没有灯，漆黑看不清楚，开始她没在意，上到 4 楼才隐约听见哭声，下去一看，原来是一个孩子坐在门口缩成一团在那里哭，问了她好几次怎么回事，她才说是爸妈不在家，她开不了门。阿姨起身一看，门上原来贴着条子，让孩子回来后去奶奶家里，可能是孩子没看字条……

这个孩子在回家的时候，发现父母不在家，她居然只会在门口等，而不知道去邻居家，或者给亲戚打电话。如果不是邻居及时发现了她，说不定她真会在门外冻上一个晚上。现在像这样遇事不会变通，不会处理的孩子很多。为什么现在的孩子这么缺乏应变能力呢？这主要还是缺乏对这方面能力的教育、培养。由此可见，提高孩子的应变能力真的是太重要了。一个只有5岁大的外国小女孩，在一个大雪纷飞并且完全与外界失去通讯联络的晚上，成功地帮助母亲分娩了一个男婴。假如小女孩在这种意外情况下只会哭、只会怕，后果将不可想象，但是，她能够灵活应变，具有较强的应变能力，这是需要中国父母深思的。

怎样培养孩子的应变能力呢？

（一）培养孩子的应变技巧

我国古时候家喻户晓的孔融，10岁那年，他到名士李膺家作客。当时，登门拜访者都是社会名流，孔融面对众位客人友好的和不友好的甚至是恶意的问话皆对答如流，不卑不亢，深受众宾客称赞。但有一位叫陈韪的大夫却不以为然地讥讽道："小时候聪明，长大了未必也聪明！"陈韪此言一出全场便默然，人们纷纷把目光投向孔融。孔融镇静了一下立即回答："我想，先生在小时候一定很聪明吧？"孔融此言一

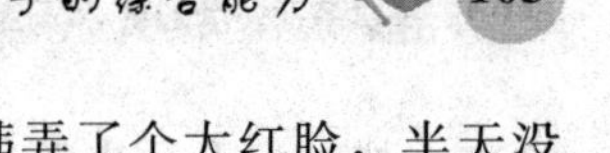

应，语惊四座，众人不约而同拍起双手，把陈韪弄了个大红脸，半天没吱声。从此，孔融的名声更大了，成为众人仰慕的目标。

孔融受到轻蔑，既没有感情冲动急于为自己辩解，也没有以牙还牙，直接指责对方如此粗俗、蛮横、武断和浅薄，而是冷静地以反问作答，“反弹琵琶”地利用对方问话逻辑上的疏忽反制其人，使人感到藏而不露，引而不发，有理有节，出奇制胜。这种高超的语言应变技巧，令人拍案叫绝。

社会是复杂的，人的一生经历也是多样的。在机遇与挫折、好事与坏事的面前，有的不仅是难堪与不难堪的问题，而且还会影响到个人前途和命运。所以，家长在教育孩子成才的过程中，就一定要培养好孩子的应变能力。就像孔融巧答一样，使孩子具有高超的应变技巧。

如何才能培养孩子具有非凡的应变能力呢？家长可以在日常生活中有意识地加强这方面的培养。

一是培养孩子适应自身生理或心理变化的能力，如身体的某个部位不舒服能及时告诉成人；心里有烦恼时，知道向父母或知心伙伴倾诉。

二是培养孩子适应周围环境变化的能力。比如，知道早晚气温不同，应该注意保暖；知道出门要带什么东西；知道不同的地方可能会发生什么情况等。

三是培养孩子对突如其来事件的应变能力。如遇到突然停电时，怎样去点蜡烛、开手电筒；遇到陌生人问路，应该怎样避免被骗；遇到煤气泄露应该怎样去控制；着火了知道如何用灭火器浇灭，迅速转移易燃品等。

四是培养孩子对不同事物做出不同反应的能力。比如对于陌生人，或者心存不良的人要采取提防的心理；如果父母生病了应该怎么办，老人生病了应该怎么办，等等。这些都要教孩子去判断。只有培养孩子具有较强的应变能力，遭到任何紧急情况才会将损失降到最低程度，争取到最好的结果。

（二）给孩子出一个“难”题

“宇华！”看到宇华已经趴在那儿一个多小时了，爸爸就开始喊。

“嗯。”宇华答应着，但没有抬头。

“宇华……”爸爸走过去拍拍她的头。

“嗯？”宇华抬起头来，看看她的爸爸，“什么事？”

“能不能帮爸爸去买一瓶醋啊？”

“可我在做作业呀。”宇华为难地说。

“妈妈正在做饭，急着用呢！”爸爸故意显出很为难的样子。

“哦。”宇华只好合上了书，“那好吧！”

“胡同口的那个‘旺财小卖铺’就有。别忘了，快一点，妈妈正等着用呢!”

“好的。”宇华答应着，出了门。不一会儿，宇华就回来了，但空着手。

“咦?”爸爸奇怪地问，“怎么没买啊?”

“那个小卖部的醋卖完了!”宇华说。

“那，旁边的‘老王利民店’也卖完了?”

“我没去，你让我到‘旺财小卖铺’的……”宇华支支吾吾地说。

“醋呢?”妈妈在厨房里喊，“快点，要不就来不及了!”

“我……”宇华低下了头。

那天晚上，全家吃了一顿没有加醋的“糖醋鱼”，全家默默地吃着，谁也没有说话。宇华一句话不说，低着头，不停地往嘴里扒着米饭。

“嗯。”爸爸故意夹了一大块鱼，放在嘴里津津有味地嚼着，“你还别说，没有加醋的糖醋鱼，味道还挺好的呢!”全家人都笑了起来，宇华脸红了。

其实大家都不知道，爸爸现在正偷着乐呢。原来他下班经过“旺财小卖铺”的时候，想起家里该买醋了，就进去看一看，可惜醋已经卖完了。他平常都是来这个店买醋的，这回醋卖光了，一时间他竟然也有点不知该怎么办好了。当然，他立刻就为这个习惯发笑，心想自己头脑怎么这么死，就又跑到旁边的“老王利民店”看了看，有倒是有，可就在掏钱的时候，爸爸忽然想出了一个主意：让宇华来试试，看看她能不能随机应变一下。

这是来自《千万别管孩子》一书中的一个案例，主人公陈宇华 18 岁时，以五门主科第一名的成绩被保送到中国人民大学，两年后，成为当年大陆唯一被录取到美国斯坦福大学的本科生，而后又就读于美国哈佛大学商学院，先后在美国科尔尼咨询公司、美国高盛投资银行、新闻集团等国际一流的公司工作过，2000 年在中国创立了自己的技术公司。在她的成长轨迹中，她父母运用了许多与此类似的教育招术。

宇华的父亲在生活中很随机地给女儿出了一个“难”题，不管孩子是否解开了这个难题，目的只有一个：培养孩子随机应变的能力，而良好的应变能力有助于孩子妥善处理问题、合理承担责任。

四、培养孩子的交际能力

交往既是人的需要，也是现代社会对人的要求。每位家长都希望孩子能与他人交往，并希望孩子有较强的交往能力，不愿看到孩子没有伴儿，也不愿意孩子孤独。

随着孩子的成长，所接触的人与事物都越来越多，他们在与人交往的过程中也出现了变化，有的孩子很积极主动，而有的孩子则表现为退缩，看到陌生人时甚至会哭泣。当有人抢了他手中的玩具时，不知所措，只是哭泣，养成这种行为习惯往往是由于家长忽略了孩子最初的社会交往能力的培养。因此，在儿童教育中应加强对孩子交往能力的培养，使孩子成为顺应时代发展的人。

（一）影响孩子交往能力的家庭因素

许多家长错误地认为孩子天生性格内向，不爱说话。其实，每个孩子都具有可塑性，如果家长不对孩子进行交往能力的培养，孩子难免会发展成独来独往、惟我独尊的人，长此以往，孩子的心理就会扭曲，并影响其他方面的成长。来看下面两个案例：

案例一：

腾腾和龙龙为抢玩具发生争斗，结果腾腾被推倒在地，“哇哇”大哭起来。腾腾妈见了非常生气，把腾腾拉回家，并限制其与同伴来往。

案例二：

明明的妈妈对孩子可谓关怀备至，除了上幼儿园以外，几乎不离左右。结果有一次，妈妈要去买酱油，明明不敢独自在家，妈妈说一会就回来，可明明就是不肯，非要跟着去。

案例一中家长的做法只会使孩子变得不合群，缺乏人际交往能力，慢慢形成内向、懦弱、孤僻的性格。案例二中，明明显然对家长过于依恋，家长在身边就没事，一旦离开其视野范围，孩子就会表现出不同程度的痛苦，不能独立处事。

由此可见，家长“感情用事”将引起孩子不擅社交，出现交往心理缺陷，并且随着年龄的增长，症状愈发明显，因此，家长要正确认识孩子的交往能力并加以培养。培养孩子良好的人际交往能力是早期教育中非常重要的任务，培养孩子与人交往，能够逐渐发展孩子的心理承受能力和适应社会的能力，为孩子的健康成长打下良好的基础。

美国心理学家劳伦斯·哈特在对一些孩子进行了长达10年的追踪调查后，发现那些善于与人交往的孩子智商较高，往往比较聪明活泼，而且上学以后学习成绩一般都比较好，因为他们可以从其他人那里学到多方面的知识。同时，一个活泼开朗、乐于与人相处的孩子容易受到同伴的欢迎和成人的喜爱，而且也容易适应新环境。

然而，现在的孩子多是独生子，他们因缺少同龄伙伴，接触面较窄而产生了诸如以自我为中心、攻击性强、不合群等许多社会交往方面的问题。

谈起孩子的人际交往能力，很多父母都摇头，并在孩子身上找原因，轻描淡写地说是“孩子性格内向”。殊不知人际交往能力除了孩子本身的问题外，受父母的影响还是较大的。

一项由南京师范大学教育科学研究院和江苏教育学院进行的调查发现，一些外在因素，比如家庭因素对学生在班级中的交往有很大的影响。这项研究表明：家庭成员与外界交往的频率程度与其子女在班级中的交往行为有直接的关系。家庭交往频率越高，学生在班级中交往的倾向就越强，反之亦然。

在随机抽样的209个学生家庭中，有155个家庭与外界交往频繁，而其子女在班级中交往率则高达81.29%。尤其在“交往方式最像谁”和“交往方式受谁影响最大”两项调查项目上，学生受其父母影响的百分比分别是61.29%和52.26%。而在与外界交往很少的家庭中，其子女在班级交往能力方面的表现则有点“迟钝”，尽管他们也有交往的需求和动机，但从交往方式上看，由于这些家庭既无广阔的社交圈，又不重视对孩子社会交往能力的培养，使得这些学生在其家庭中得不到交往的锻炼和模仿的机会。所以，他们在班级中只是被动地跟他人发生互动，也就是倾向于被动地对别人的友好表示做出反应。

这个研究同时还发现：家庭对孩子的社交行为有无要求，对孩子的社交动机有无强化，都对他们的交往方式有显著的影响。当然这可能和家长本人的社交意识和社交风格有关。对子女提出交往要求的家庭一般来说都是与外界交往较多的家庭，孩子正是在受到家庭与外界交往的影响、父母对孩子与外界交往的督促和强化这双重作用下，学会他们自己的交往方式的。

（二）提升孩子交往能力的方法

一般来说，孩子在小时候会对其他的小朋友产生兴趣，愿意和别人亲近。孩子最初的社交能力就应该从此时开始培养，父母们不妨从三个方面入手。

(1) 给孩子创造更多的与他人交往的机会。有些家长认为，孩子在一起玩是毫无意义地浪费时间，所以孩子想出去找小朋友玩时，家长就会找出一些理由阻拦，有意无意地限制和减少了孩子与同伴的交往。家长应该知道，孩子们在游戏中可以学习合作、互助，学习站在他人的角度理解他人，学习如何与他人共同生活。所以，如有闲暇时间，要多带孩子到公园、小区的绿地或亲戚朋友家去玩，鼓励孩子不断适应新环境，多与他人交往。可以让孩子邀请伙伴来做客，同时也要允许孩子到别人家做客，多给孩子创造结交小伙伴的机会，千万不要因为嫌吵、怕乱、怕影响到自己的生活，拒绝孩子的小伙伴到家里来玩。对做客的孩子要热情、温和，尽量为他们营造一个轻松和谐、自主自由的交往环境。

(2) 帮助孩子结交玩伴，鼓励他们交往，并给予他们自由选择玩伴的权力。父母可以经常请一些小朋友到家里玩，让他们一起游戏、听故事、唱歌、跳舞、画画，逐步培养孩子与同伴交往的习惯。即使在玩的过程中，孩子们闹纠纷，家长也不要强把孩子拽回家，更不要骂孩子“草包”、“软蛋”。最好的方法是从中调停，让孩子们自己解决矛盾，友好相处。

（3）正确看待孩子们在最初交往中出现的一些“不友好”态度。孩子在刚开始与人交往时有时会用双手将小朋友推出家门，或者抢夺别人手中的玩具，或一大堆玩具自己一个人霸占，不愿分给别人。这些不良习惯，有的是受成人影响的结果，成人间不礼貌的训斥、吵架都会传染给孩子。有时候，大人们说的一些话，比如“看！咱孩子会打人了！真有意思！快收起来，隔壁小弟弟要来抢你的玩具了！”这些做法只会引发孩子的嫉妒、自私自利、贪心心理。成人应从正面教育孩子，让孩子学会谦让、容忍、礼貌等行为，养成良好的社会交往习惯。

（4）防止孩子以自我为中心。以自我为中心是许多孩子的一个显著特征。这些孩子的行为大多从“利己”的观点出发，这与现代社会要求相互合作、相互交流是格格不入的，严重影响了孩子与同伴的交往。因此，必须帮助孩子克服以自我为中心的缺点，要帮助孩子发展利他行为。孩子的行为绝大部分是从同伴那里学来的，他们通过同伴之间的交往，可能产生认知上的冲突。家长应该用鼓励、赞许、奖励等外部激励方法，强化孩子的利他行为，克服消极的行为。

总之，家庭应该对子女的交往做出积极的引导。只有在父母的积极引导下，孩子才会成长为乐观、活泼、乐于助人、善于与人交往的人。

五、提高孩子的判断能力

判断，对任何人来说都是重要的。准确地判断，有利于我们掌握事物的发展趋势，并做出正确决策。当我们对自己的生活、工作、学习等各方面的事情都有了准确的判断后，我们就如同多了二郎神一样的慧眼，会透过一切扑朔迷离的表面现象，清晰地看到事物的真实本质。并因此而做到明察秋毫，运筹帷幄。因此，家长在培养孩子能力的过程中应注重对孩子判断力的培养。

（一）对话与合作

让我们看看农夫是怎么教他的儿子做农活的。农夫知道一旦自己有了什么事，家人是否能生存就依赖于儿子了。农夫认识到他要停止对儿子的指导，不能总是提醒儿子："该割草了"，他问儿子，"如果让你来决定今天割不割草，你会关注什么？你会想些什么？"

儿子回答："我想我们今天应该割草，爸爸。"

在听到儿子的反应后，他进一步地问："好的，山那边的雷声说明了什么呢？”

“嘿，我没有看天气，我只顾观察草了，爸爸。”

“好的，如果我们把草都割了，但是雷声之后下了一场大雨会怎么样？”

“那所有的草料就会坏掉。”

父亲通过这种尝试—错误—尝试—正确的教育方式，不断地对儿子提出挑战，从而提高儿子的判断能力。同时，儿子这个学徒最终要通过自己的决定和行动来检验自己的判断，父亲会先给他一些小事让他自己去决定，如买什么样的东西、做什么样的家具，最后把家务全交给自己的儿子。孩子们只有在有机会冒着犯错误的危险独自做事时，才能体会自己的认识水平和判断能力，只有在和更成熟的人交流和合作时才能有更好的认识自己和发展判断能力的机会。同样，今天的家长也应该创造机会，像师傅带徒弟似的跟孩子交流和合作，并让孩子承担自己行动的后果。

（二）让孩子做决定

史蒂夫在一家鞋店看到这样一个场面。在鞋店里，一位母亲对儿子说：“你可以自己挑一双新鞋子。”这个男孩马上挑出了一双昂贵的牛仔靴。这位母亲说：“我想的可不是这个，”然后她非常不耐烦地走过去挑出了两双正在大减价的网球鞋，呼地把鞋扔在孩子面前，说："从这两双中挑一双吧。"

史蒂夫 10 岁的儿子他悄悄地对父亲说："爸爸，我哪一双也不会要。"生活中有很多这样的情况：家里的柜子里装满了类似的东西，这些东西都是家长出于实用或经济的原因给孩子买的，但是孩子们可能碰都不去碰它们。

其实，这位母亲可以这样说："我给你 15 美元买鞋。你可以在这家商店里买一双这个价钱以内的鞋。你也可以在三个月以后有更多的钱了，然后买一双贵鞋。"这样，母亲就站在了孩子的立场上替孩子考虑了，既尊重了孩子，同时也满足了家庭的经济生活要求。

在史蒂夫离开鞋店的时候，他听到另外一位母亲对自己的孩子说："你来决定咱们到那儿去吃午饭。"孩子选择了一家快餐店。这位母亲马上退了出来，对孩子说："亲爱的，另一家餐馆有很好的色拉。"孩子坚持说："但是我想上这儿。""你知道我喜欢在午餐时吃色拉。"母亲说。母亲又把给孩子的决定权夺了过来，这样的事情会让孩子明白，自己最好别进行什么判断、做什么决定，因为一切最终还是家长说了算。

（三）鼓励孩子思考"是什么、为什么、怎么样"

判断需要两个过程，分析过程和决定过程，分析是决定的基础，对问题的正确分析是成功的一半。在分析一个情景时，“是什么”“为什么”“怎么样”三个问题构成了分析的基本框架。在孩子进行判断时，他们缺乏分析的能力，他们不清楚应该从那些方向考虑，在这时，家长需要给孩子提供适当的帮助。

史蒂夫的儿子迈克有一天晚上来到史蒂夫跟前说：“爸爸，我听妈妈说，你要离开家几个星期。我想，在你出差之前咱们到游乐园去玩玩，作为你出差前的庆祝好吗?”

“儿子，这听起来很不错。”史蒂夫说，他决定让儿子承担一些责任，所以接着说：“我得先知道一些事才能决定去不去。首先，我要知道我们到公园玩这一趟要花多少钱。你能否拿出一个我们需要花销的清单呢？这样我就可以估算我们每个人的花费，算出这一趟的总体费用。”

他们估算了汽油费、门票费和食物的价格等，大约要花 40 美元。

“我要做的第二件事是看看我们手头的钱，然后排一排我们目前事情的先后顺序，”史蒂夫说。然后史蒂夫做了一个本月的家庭预算，计算这个月中家庭生活可能要花的每一笔钱，结果发现本月只有 30 美元剩余。

在这种情况下，史蒂夫并没有做出什么决定，他只是对儿子说：“儿子，你知道我们出去玩的预算，也知道我们这个月手头能用的钱，你站在我的角度上想一想，我们还能出去玩吗?”

迈克看看单子，说：“爸爸，我真的没想到会是这样。我们缺 10 美元。”

“我也这样认为，”史蒂夫说，“我真的希望事情会有所不同，但偏偏就是这样。”

当天晚上，迈克又来到了史蒂夫跟前，手里拿着 12 美元。

“这是怎么回事?”史蒂夫问。

“我卖了我的棒球卡片，”迈克回答，“现在我们可以去公园了，还多了买两个热狗的钱。”他们真的去了游乐园，同时史蒂夫明显地感觉到了儿子长大了许多，迈克也感受到了自己的价值。

(四) 让孩子承担自己行动的后果

只有当家长允许孩子犯错误、承担自己错误决定的不良后果时，家长才能帮助孩子发展自己的判断能力。史蒂夫和他的妻子在他们爱时髦的女儿金碧身上更进一步体验到了这一论断的正确性。

在新学期快开学时，史蒂夫夫妇让金碧买自己上学穿的衣服。金碧跑到商店里挑了又挑，看了又看，决定用所有的钱买一套拉尔夫·劳伦牌套装，但是这一套衣服的价钱可以买几套其他衣服的。史蒂夫夫妇非常认真地问女儿金碧是否知道她的这一决定的后果："亲爱的，你考虑好今后每天都要穿的衣服了吗?"

"是的，我考虑好了。这是真正适合我的衣服，是我真正需要的衣服。这正是我想要的。"金碧回答。

史蒂夫夫妇随后又问："你知道下一笔让你买衣服的钱是什么时间给你吗?"她肯定地回答是在 12 月份，她也知道现在是 9 月才刚刚开始。当这一切都弄清楚后，金碧还是坚持自己的观点，她买了那套套装。

在开学后的一个星期，金碧新买的这身套装已经被穿得发黏要粘在身上了，她的朋友们最后甚至开始问她洗不洗衣服。这种困境激发了金碧很大的创造性，她找出妈妈不穿的几件大号套裙，剪掉长的部分，做了几件自己能穿的套装，用它们凑合到了 12 月份。在她拿到了她的下一笔服装添置费时，金碧变得谨慎多了，她买了几套可以换洗的衣服，从而避免了之前的尴尬。

史蒂夫夫妇有很多机会来避免女儿的尴尬，他们可以不让女儿买昂贵的衣服；他们也可以在女儿买了她自己选的衣服后，再给她买几套别的换洗衣服。但是这样做也剥夺了女儿很重要的学习和证实自己的机会。在允许女儿按照自己的选择进行行动的情况下，充其量只是给金碧带来了不方便和尴尬，但是女儿变得更有信心、更明智了。她再到商店选校服时，表现出了更好的判断力，也更理解自己行动的后果，她会问自己："我要考虑哪些因素?"并且她也知道了有哪些因素会影响她。

家长经常担心孩子的不正确决定会让孩子对自己失去信心，变得自卑。其实，实事正好相反，当孩子认识到自己的决定会对自己的生活产生影响时（无论影响好坏），他们体验到了自己的能量和自己的重要性，从而变得更为自信，因为他们自己改变着自己的生活。随着不断的练习，他们会变得越来越有能力，也越来越自信。

六、培养孩子的领导能力

一群在山里野餐的小姑娘们走错了路，在潮湿与饥饿中度过恐怖的一夜之后，她们无望地失声痛哭。

"人们永远也找不到我们，"一个孩子绝望地哭泣着说，"我们会死在这儿。"

然而，11岁的伊芙蕾·汤站了出来，"我不想死!"她坚定地说，"我爸爸说过，只要沿着小溪走，小溪会把你带到一条稍大点的小河，最终你一定会遇到一个小市镇。我就打算沿着小溪走，如果愿意，你们可以跟着我走。"

结果，孩子们在伊芙蕾·汤的带领下，成功地穿出了森林，最后她们的欢呼声迎来了救护人员。人们也许会认为，像伊芙蕾·汤这样的孩子生来就是当领袖的料，而其他人命中注定是随从。但事实证明，领袖并非是天生的，而是后天造就的，这取决于家长怎样去引导孩子。

（一）父母应该成为孩子的支持者

要奖励孩子，让他们尝到胜利的味道。哪怕小小的成功，都应该表扬他们。如果不是很好，父母也应该赞赏他们的努力："我喜欢你的这种进取心！"孩子的自信就是这样产生与加强的。其实，孩子微不足道的成功都是值得称赞的，但是这并不意味着父母得整天用虚假的话来哄骗孩子，也不是说永远不能批评孩子，批评应该跟赞扬结合在一起。比如，一场青少年足球赛后，父亲往往对孩子说："唉，你怎么搞的，射球的时候，就轻易地丢了两分！"请相信，你的孩子知道自己失了球，他不需要你提这个醒。相反，你应该表扬他的努力："我喜欢你带球冲向球门的劲头！你真活跃！"然后说："我们明天傍晚再练练好吗？我敢打赌你的射球技术一定会提高！"

（二）允许孩子探险

孩子钦佩和乐于追随那些愿意冒险和能应付挑战的人。可是我们的家长就怕孩子磕着、烫着、摔着，家长如此谨慎入微，孩子很难有冒险精神。

有这样一件事，有两个上一年级的男孩已经掌握了阅读技巧。女老师问他们是否愿意改上一个超前阅读班，一个学生急切地表示同意，另一个则宁愿与启蒙学生一块儿上课，可悲的是后者的父母也支持儿子的决定。这位女老师说："您可以猜得出来这两个孩子哪个将成为领头人。"

（三）让孩子勇于表现

如果班级要举行选举，你的儿子或女儿很想选中，你不必强行介入，但可以帮忙。友善的孩子不仅会向他（她）身边熟悉的人，包括其他人，他（她）也愿意打招呼，这种孩子会被认为是一位潜在的领导人物。请鼓励他（她）在班上多发言，因为在别人面前毫无羞怯地表现自己是一个重要的技能。让您的孩子在家里复述在教室背诵的课文，并告诉他（她）嗓音该多宏亮，表情该多强烈，眼神又如何与听众接触。

（四）听听孩子的梦想

如果您的女儿回到家突然宣布，她将来要当一名职业斗牛士，而您的儿子却说他将以电影特技为职业。他们的志向都与您内心对他们未来的设计相左，您该说什么呢？能说"女孩子不能去斗牛，唉呀！那可是一种危险的工作"吗？要知道，斗牛这种职业将使女儿成为一个经得起磨练的女英雄，而胆大的特技演员将称雄于商业天地。所以，请支持子女的梦想，无论在您看来这类梦想何等的奇特，因为这种梦想同样需要足够的勇气。

所以，无论孩子的理想是可笑的，还是不现实的，我们都不要在脸上表现出来。不管他们的梦想多么稀奇古怪，还是应该鼓励他们。在人们眼中，一个领导者应该是有远见的，能把自己的想法向别人解释清楚，并能影响他人跟着自己走。

（五）给孩子思考的空间

怎样给孩子自己思考的空间？我们在干什么事的时候，可以向孩子提出建议，问他如果这样，然后会怎样。

“想一想有没有可能”是一个人有领导能力的标志。我们向其他人展示怎样解决问题总是用这种方法实现的。比如一个小男孩爬滑梯，由于他的双腿太短，怎么也登不上滑梯的第一级，于是他跑向妈妈那儿求助。可是这位妈妈不是将他扶上台阶，而是反问他：“你能不能想个办法使自己踩上去呢？”小男孩想了一会儿说：“我把我的小车子放在那儿并站上去行吗？”“好吧！”妈妈说。儿子照办，剩下的就不成问题了。

可能性思维是领导能力的一个标志，那种对一个难题认真研究并向别人演示如何解决的孩子经常会多问：“如果我这样做了，会怎么样？”

（六）给孩子一个机会

领导能力的培养需要锻炼。家长多提供培养领导技巧的机会给孩子，让孩子参加社团、运动队、或其他组织，学习如何同别的孩子打交道，从中获得经验和能力。不过还应该让孩子在其兴趣范围内去努力争取领导地位，有的孩子是游戏场上的领头羊，另一些则适合做教室里的排头兵，并非人人都能当班长或想当班长。孩子在一个感到得心应手的活动领域从事组织工作，可以建立信心，锻炼领导能力。无论在哪方面，只要孩子做得出色就有助于他们建立起信心，而信心是当领导者的基础。

第七章

适时引导，帮孩子顺利度过叛逆期

一、帮助孩子克服焦虑

孩子对环境敏感、多虑、缺乏自信，甚至为一些微不足道的小事恐慌不安、担心、害怕、哭闹不止的时候，父母就必须给孩子以特别的关注。

焦虑是一种很普遍的现象，几乎人人都有过焦虑的体验。但是许多人以为焦虑只是成人的“专利”，实际上，孩子也有焦虑的时候。由于孩子年龄小，遇到突然发生的挫折和打击，往往会承受不了，使幼小的心灵失去平衡，因此极易产生焦虑情绪。比如，7个月左右直到学龄前的孩子，只要与母亲或其他亲近的人分开就会表现出强烈的焦虑感。通常情况下，多数人的焦虑是暂时的，因为人具有一定的防御能力，并不会对个体产生太大的影响。但是当焦虑变得很严重并已逐渐影响儿童的日常生活时，就要引起家长的注意了。

乐乐上幼儿园小班了，可他一进幼儿园就不停地大哭。开始时，老师、家长以为是乐乐适应新环境比别的孩子要慢一些。可是入园后的一个月，乐乐仍就不愿意与母亲分离，每次妈妈要离开时，乐乐都哭闹得很凶，紧紧地拽着妈妈的衣袖不肯松手。乐乐在幼儿园里既不愿和老师在一起，也不和小朋友玩，不肯吃饭、午睡，甚至不喝牛奶和水。他经常坐在窗前，眼睛盯着幼儿园的大门，不停地哭泣，再三哄劝也都无效。直到爸爸或者妈妈来接他时，乐乐才肯停止哭泣。每次回到家里，妈妈陪着他在房间里玩，无论玩得多投入，只要妈妈伸手去开门，他就会立即扔掉手中的玩具，哭闹着也跟上来，害怕与妈妈分离。自从进入幼儿园以后，乐乐的焦虑感明显加强，甚至在入睡后还经常惊叫“妈妈不要走”、“妈妈，我不去”。

焦虑是儿童较常见的一种情绪障碍，一般和精神打击以及将来的、可能的威胁或危险相联系，儿童表现为感到恐惧、烦躁、担心、紧张、不愉快，甚至痛苦到难以自制，严重的时候还会伴有一定的生理反应。焦虑的儿童对紧张压力异常敏感，他们不善于用语言及情感发泄来表达内心的焦虑情绪。有强烈焦虑体验的孩子，对外界事物，比一般孩子敏感、多虑。他们常是一些温顺、老实、守纪律的孩子，只是缺乏自信心，他们在父母心中是乖孩子，受到宠爱。平时克制自己的能力较强，对待事物认真、负责，但是过分紧张，特别是对于陌生环境、陌生事物，更容易表现出焦虑，惶恐不安。有的孩子对学习过度紧张，害怕考试成绩不好；有的到了新的学校，担心与同学处不好关系；有的还因为自己的缺点，怕受到老师的批评，而不敢去上学等。总的来说，儿童的焦虑有以下类型：因为神经系统发育不健全，对外界细微的变化过于敏感的素质性焦虑；因为突发事件使得儿童心理难以承受而整天担心害怕而产生的境遇性焦虑；因为与亲属特别是父母的分离而出现的心烦意乱，无心学习，甚至逃学、出走的分离性焦虑；因为家长对孩子期望过高，孩子害怕达不到家长预期的要求，担心受到责备而产生的期待性焦虑；因为家庭不和睦使孩子生活在矛盾重重的环境中从而产生的环境性焦虑。上例中的乐乐就表现出了很强的分离性焦虑。

总的来说，无论儿童焦虑类型如何，都与其自身的先天素质有关，但主要原因来自于不良的环境和不正确的教育方法。有些父母对孩子过度溺爱，当孩子走出了家庭进入社会，就如花朵走出了温室，经不起风吹雨打，即使是一点不顺心的事，也易使儿童产生过度焦虑；有些父母“望子成龙，盼女成凤”心情过于急切，不考虑孩子的负荷能力，对儿童要求过高，甚至过度惩罚，如“写不完作业，不许出去玩，不准看电视，做错一道题罚十道”等，这些都会使孩子身体不适，以至于孩子整天处于紧张状态，从而出现很强的焦虑反应。

过度的焦虑往往会严重影响儿童的智力发展，并且容易诱发抑郁、孤僻、自卑等心理疾病。因此，父母发现孩子的不良情绪后，应予以科学引导，以尽早让孩子摆脱困扰。

二、让孩子远离孤僻

随着人们物质生活水平的不断提高，现代家庭的家居环境得到了大大的改善，许多孩子都拥有了属于自己的独立空间。因此，许多孩子从小就养成了喜欢关在自己小屋里做事的习惯，自我意识和独立性比较强。但是，令人担心的是，因为拥有了属于自己的独立空间，许多孩子有封闭的倾向，和父母保持着一定的距离，不肯与人主动讲话，很难向别人吐露真心。

一位母亲忧心忡忡地说："我家孩子上小学时就拥有了自己的房间。但随着年龄的增长，孩子越来越喜欢一回家就关上房门，而且还把门反锁上。开始我们认为孩子独自在房间里会安心看书，没想到她的成绩一天天下滑。我们一气之下，干脆把孩子房门上的锁给撬掉了。谁知孩子更绝，一回到家，照样关上门，然后再用凳子把房门堵上。我们家里买了电脑，说什么也不敢让孩子上网。但女儿干脆借了一大堆碟片，关了房门独自欣赏，任凭我们在门外喊破喉咙也不开门。我们给了孩子独处的空间，但却使孩子和我们越来越疏远，这孩子到底怎么了？"

根据南京某院心理门诊的一项记录显示，该门诊在短短的 3 个月时间内，就已接待了一百多例行为孤僻的孩子，最多的一天竟然有十多位来访者。

下面这位家长正是通过生活中的一件细微的事情，开启了女儿的心扉，值得家长们借鉴。

女儿属于内向、敏感型的孩子，平时很闷，话也很少。我也没意识到要听听她的心里话。

一次，我朋友送给我两张电影票，是《泰坦尼克号》，我就带女儿去看了。当电影放到船沉下去，女主人公冻成冰人时，我听到她在悲悲戚戚地哭。回去的路上，她好像话特别多，问得最多的一句话是："妈妈，为啥她（女主角）冻成冰人了，人家都死了，她却活了下来？"我告诉她，这是一种爱的力量，就像有一次我发40度的高烧，你爸爸又不在家，我就硬撑着起来帮你烧饭，因为我是你妈妈呀，我怕你饿着，这也是一种爱呀！她听了我的话，一副似懂非懂的样子，一下子依偎到我的怀里。

本来，我以为孩子内向，与我们话少很正常，但经过那件事，我才发现她原来话蛮多的，只是我们没有引导她，没有找到她感兴趣的话题。后来，她每天放学回家，我就有意识地让她讲讲学校里的事和学习上的困难，或在每晚睡觉前，给她讲讲故事，讨论讨论课本里的内容等。时间一长，女儿每天回来就与我说个不停，原先她根本不会讲的事，她也会凑在我的耳旁讲给我听。我真的很开心，女儿好像跟我越来越亲，人也活泼多了，连老师也说她好像变了一个人似的。

现在想想，还好那次带她去看了场电影，无意中让我掌握了教育孩子的方法。要不然，这孩子一直这么内向、拘谨，将来怎么闯荡社会呢？

怎样改变孩子不肯主动说话的情况呢？

（一）找准孩子不肯讲话的原因，对症下药

一些心理专家认为，造成孩子不肯主动说话的原因主要有这样几个方面：天生性格孤僻，好独处，不喜欢与人交往；父母与孩子之间存在着观念上的巨大差异，就是通常所说的“代沟”，父母经常看不惯孩子的言行，动不动就横加干涉，孩子很反感，因而用沉默表示反抗；学习竞争压力大，紧张学习之后，需要独处，自我调整，而不愿说过多的话。因此，父母应该仔细了解孩子的内心状态，和孩子进行深入沟通。千万不要用粗鲁、蛮横的态度对待孩子，要让孩子主动说出心里的真实想法和感受。

（二）为孩子挑选一些特别有趣的玩具

许多惯性玩具和声控玩具，可以改变孩子过分内向的性格。这些玩具一般都很好玩儿，孩子会情不自禁地追逐这些玩具，或者被这些玩具

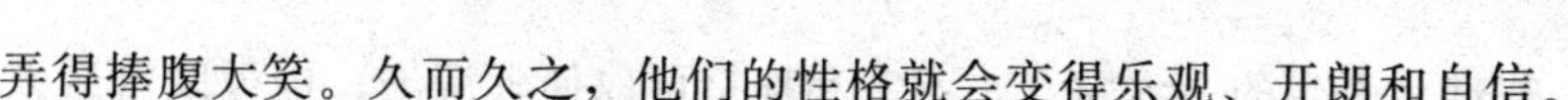

弄得捧腹大笑。久而久之，他们的性格就会变得乐观、开朗和自信。

（三）让孩子自然地融入公共场合

有意识地带孩子参加一些集体活动或社交活动，让孩子能适应陌生的环境。指导孩子在公开场合应该注意什么礼节，怎样和他人打招呼，怎样和他人聊天等。当然，孩子毕竟阅历比较浅，很难像大人那样在公开场合舒展自如，相反，孩子们大都害怕所有人的目光都集中在自己身上，尤其是对于那些性格内向的孩子来说，那样他们会感到很不自在。因此，家长应该尽量让孩子在公开场合感到很轻松、很自在。

凡不肯主动说话的孩子，他们的性格都比较内向，平时少言寡语，不会轻易向别人吐露真情。但是，这些孩子内心又强烈地渴望得到他人的理解和关心。对于这样的孩子，需要家长真正能走进孩子的内心世界，和孩子进行心灵的碰撞，触动孩子的心弦，让孩子能主动把心事说出来。

三、对孩子进行挫折教育

人的一生中，遇到挫折是十分正常的。

苦难是人生的一大财富，不幸和挫折可以使人沉沦，也可以铸造人坚强的意志品质，成就一个充实的人生。苦难是人生的一位良师，他能教给孩子学会用感激的心情、积极的态度对待一切问题，养成坚强的意志，勇敢地参与社会竞争。

今天的孩子生活在一个富有的年代，优越的生活条件已经使他们不知道什么是贫穷与艰难。过分溺爱自己的孩子是今天不少父母的通病，也是今天的父母所面临的一个真正让他们感到无所适从的问题。过分溺爱孩子的结果是让孩子变得懒惰、脆弱、娇气、依赖性强、不思进取……

这是任何一个家庭都面临的一个严峻问题。

因此，在孩子小时候家长就应该教育他正确面对挫折。要让孩子知道“失败是成功之母”，以此激发孩子奋进，取得成功。

在许多国家，吃苦是孩子的必修课之一，尤其是在发达国家的家庭中，家长普遍重视从小培养孩子的自理能力和吃苦精神。因为发达的市场经济要求每一个社会成员必须具备这种能力和精神，只有具备了这种能力并拥有这种精神才能出人头地。

从小教育孩子正确对待挫折，战胜困难，通过生活实践，尽量用正面教育启发孩子，树立克服困难的信心，并从生活的一点一滴中培养孩子的坚强毅力，逐步形成良好的性格。

困难和挫折对于孩子的成长是很好的锻炼。

一位世界著名的心理卫生专家说："有十分幸福童年的人常有不幸的成年。"还有一句话："不幸是一种财富。"一个很少遭受挫折的孩子，长大以后会因为不适应激烈的竞争和复杂多变的社会而深感痛苦。相反，我们常常看到一个童年饱受挫折的人，长大以后事业有成，生活幸福。

下面这个故事相信能让家长认识到对孩子进行挫折教育的必要性。

深山里有两块石头，第一块石头对第二块石头说："与其在这里养尊处优，默默无闻，还不如去经历一番外面世界的艰险和坎坷，去做一些事，经历一些磕磕碰碰，能够见识一下旅途的风光，也就知足了。"

"不，何苦呢！"第二块石头嗤之以鼻，"安坐高处一览众山小，周围花团锦簇，谁会那么愚蠢地在享乐和磨难之间选择后者，再说那路途的艰险磨难会让我粉身碎骨的！"

于是，第一块石头随山溪滚涌而下，虽然受尽了风风雨雨和大自然的磨难，但它依然义无反顾执着地在自己的路途上奔波。第二块石头见它如此辛劳和困苦，讥讽地笑了，它在高山上享受着安逸和幸福，享受着周围花草簇拥的畅意舒怀，享受着大自然创造万物所留下的美好景致。

许多年以后，饱经风霜、历尽沧桑、千锤百炼的第一块石头，被有心人发现了，并收藏在博物馆中，已经成了世间的珍品、石艺的奇葩，被千万人赞美称颂。第二块石头知道后，有些后悔，现在它想去投入到世间风尘的洗礼中，然后得到像第一块石头拥有的成功和高贵，可是一想到要经历那么多的坎坷和磨难，还有粉身碎骨的危险，便又退缩了。

一天，人们为了更好地珍存那石艺的奇葩，准备为它重新修建一座更加精美别致、气势雄伟的博物馆，建造材料全部用石头。于是，他们来到高山上，把第二块石头粉了身碎了骨，给第一块石头盖起了房子。

人生往往不是一帆风顺的，处于困境的时候，我们需要的是对生活的坚定信念，要学会对自己说：“我能应付过去！”挺一挺，困难在不知不觉中就已慢慢远离我们，生活又会回归宁静、幸福。相信自己的能力，任何困难都不可能打倒我们，困难只是对我们意志的考验，我们总能应付过去的。

乔治就是这样教育自己的子女的：

乔治的父亲曾经是拳击冠军。那天父亲对他讲了自己的一次赛事：“那是在一次全州冠军对抗赛上，对手是个人高马大的黑人，而我个子矮小，一次次被对方击倒，牙齿也出血了。休息时，教练鼓励我说：

‘辛，你不痛，你能挺到第12局！’我也说：‘不痛。我能应付过去！’我跌倒了又爬起来，爬起来又被击倒了，但我终于熬过了第12局。对手颤栗了，我开始了反攻，我是用我的意志在击打，他倒下了，而我终于挺过来了。哦，那是我唯一的一枚金牌。”说话间，他咳嗽起来，额上布满晶莹的汗珠。他紧握着乔治的手，苦涩地一笑：“不要紧，才一点点痛，我能应付过去。”

那段日子，正碰上全美经济危机，乔治和妻子都先后失业了，为了生存，他们天天跑出去找工作，晚上回来，总是面对面地摇头，但他们不气馁，互相鼓励说：“不要紧，我们会应付过去的。”

如今，一切都过去了，乔治一家又重新回到了宁静、幸福的生活之中。可每当在餐桌旁静静地吃着晚餐的时候，乔治总要想到父亲那句话。他要告诉他的子孙和他的朋友以及那些生活艰苦的人们，学会在困境中对自己说：“瞧，我能应付过去！”

困难和挫折可以磨炼人的意志，这对于孩子的健康成长有深远的意义。但许多孩子并不懂得这一点，总不敢去经风雨见世面，一味躲在父母身边寻求庇护。这种思想是错误的，这样的孩子永远也不会长大。

四、帮助孩子走出自负的误区

自负就是自以为了不起，自负的学生依然占有相当的比例。自负的学生总认为只有自己好，自己是最棒的人，别人则一无是处，这种人总是高傲自大、喜欢指责别人，又不愿自我反省，行为有如茶壶一般，壶嘴经常是指着别人的。以如此心态与人交往，别人往往是敬而远之，保持距离以策安全，所以人际关系也不好。

他们时时事事都从自己的利益出发，从不顾及别人，不求于人时，对人没有丝毫的热情，似乎人人都应为他服务。而且他们总是将自己的观点强加于人，在明知别人正确时，也不愿意改变自己的态度或接受别人的观点。

其实，自负的人有很强的自尊心，事无巨细都不希望或不愿意别人在自己之上，对别人的成绩、成功非常嫉妒，对别人的失败幸灾乐祸，不向别人提供任何有益的信息。同时，在别人成功时，这种人常用“酸葡萄心理”来维持自己的心理平衡。无论是哪一类的学习，都为自己所取得的一点成绩而沾沾自喜，傲视他人，这不仅仅是对别人的一种伤害，更是自身停滞不前的开始。这样下去，更危险的事情就在面前了。那些狂妄自大、自视不凡之辈往往就像夜行军舰一样，凭借自己的“不凡”之处，总是试图使灯塔改变航向，认为一切在自己面前“臣服”是理所应当的，这不是很可笑吗？最后往往碰一鼻子灰，不得不在真理面前改变自己。

所以为了孩子健康的成长，家长一定要纠正孩子自负的坏习惯。

一、让孩子正确认识自己的能力。可以有意出些难题让孩子去做，让他知道自己并不是万能的，这样对于保持孩子的自尊很有帮助，同时也会使孩子认识到自负的坏处。

二、委婉地进行批评。接受批评是根治自负的最佳办法。自负者的致命弱点是不愿意改变自己的态度或接受别人的观点，接受批评即是针对这一特点提出的方法。它并不是让自负者完全服从于他人，只是要求他们能够接受别人的正确观点，通过接受别人的批评，改变过去固执己见、惟我独尊的形象。家长批评的时候要指出其不足，并且表明你的态度，但是应该注意口气不要生硬，以免伤了孩子的自尊心。

三、适度地“泼泼冷水”。对于孩子的成绩不要一味的表扬，要适度地给他泼泼冷水。这并不是要打击孩子的积极性，而是告诉他还存在不足，让他明白“没有完美的人，只有不断改进”的道理。

自负是阻碍孩子成长的一颗毒瘤，这颗毒瘤会越长越大，家长应帮助孩子远离这颗毒瘤，让孩子走出自负的误区。

五、帮助孩子克服自卑心理

自卑是一种性格缺陷，而一个人的自卑性格的形成往往源于儿童时代。无疑，自卑对孩子的心理健康将产生负面影响，更对一个人的身心成长起消极作用。

（一）儿童自卑的早期征兆

心理专家指出：家长必须关注自己的孩子有没有自卑心理，一旦发现，应尽早帮助其克服和纠正，以避免随年龄的增长最终形成自卑性格。自卑儿童往往会表现出如下早期征兆：

1. 经常情绪低落。如果孩子常常无缘无故地郁郁寡欢，那很可能就是自卑心理使然。

2. 过度害羞。包括从来不敢面对小朋友唱歌，从来不愿抛头露面，从来不敢接触生人等等，这样的孩子内心深处可能隐含有强烈的自卑情绪。

3. 拒绝交朋结友。一般来说，正常儿童都喜欢与同龄人交往，并十分看重友谊，但是绝大多数具有自卑心理的孩子对交朋结友或兴趣索然，或视为“洪水猛兽”。

4. 难以集中注意力。自卑感强的儿童在学习或做游戏时往往难以集中注意力，或只能短时间地集中注意力，这是因为“挥之不去”的自卑心理在作祟。

5. 经常疑神疑鬼。自卑儿童对家长、教师、小伙伴对自己的评论往往十分敏感，特别是对别人的批评，更是感到难以接受，甚至耿耿于怀。长此下去，他们还可能发展到“疑神疑鬼”的地步，总无中生有地怀疑他人不喜欢或者怪自己。

6. 过分追求表扬。自卑儿童尽管自感“低人一等”，但往往又会反常地比正常孩子更追求家长和教师的表扬，而且可能采用不诚实、不适当的方式，如弄虚作假、考试作弊等。

7. 贬低、妒嫉他人。自卑儿童的另一不正常反应是：常常贬低、妒嫉他人，如可能因为邻桌受到老师表扬而咬牙切齿甚至夜不能寐。心理学家认为，这是他们为减轻自身因自卑而产生的心理压力而选择的方式，尽管这往往并不奏效。

8. 自暴自弃。自卑儿童往往会表现为自暴自弃、不求上进，认为反正自己不行，努力也是白费力气。更有甚者，还可能表现出自虐行为，如故意在大街上乱窜，深夜独自外出、生病拒绝求医服药等，似乎刻意让自己处在险境或困境之中。要是遭到家长指责，便以“反正我低人一等”作辩解。

9. 回避竞争、竞赛。虽然有的自卑儿童十分渴望在诸如考试、体育比赛或文娱竞赛中出人头地，但又无一例外地对自己的能力缺乏自信心，因而断定自己绝不可能获胜。由此，绝大多数自卑儿童都是尽量回避参与任何竞赛，有的虽然在他人的鼓励下勉强报名参赛，但往往在正式参赛时又会临阵逃脱，甘当逃兵。

10. 语言表达能力较差。据专家所作的统计，8 成以上的自卑儿童的语言表达能力较差。他们或表现为口吃，或表述不连贯，或表达时缺乏情感，或词汇贫乏等等。专家们认为，这极有可能是因为强烈的自卑感阻碍了大脑中语言学习系统的正常工作。

11. 对挫折或疾病难以承受。自卑儿童大多不能像正常儿童那样承受挫折、疾病等消极因素带来的压力，即便遇到小小失败或小小疾病便“痛不欲生”，有时甚至对诸如搬迁、亲人过世、父母患病等意外都感到难以适从。

（二）消除自卑的方法

父母应多给孩子讲：许多人都有着自己的缺陷，都会产生自卑感，关键要能够克服自卑感。亚里士多德、伊索、拿破仑、达尔文都有口吃，但他们并不因此而灰心，也没有因此而丧失生活的勇气。他们坚定了成就大业的信心，结果都取得了成功。当孩子了解到这些名人的故事后，慢慢就会树立自己的信心，增强进取的勇气。

要孩子克服自卑感，父母自己要有信心，并把自信心传给孩子。父母要多教育孩子，让孩子知道任何人都有自己的优点和缺点，不管是身体方面还是其他方面，都是这样。

如何帮助孩子克服自卑呢？

1. 鼓励孩子，增强自信

有位母亲第一次参加家长会。幼儿园的老师说："你的孩子有多动症，在板凳上3分钟都坐不了。"回家的路上儿子问老师说了什么，她鼻子一酸，差一点落泪。"老师表扬了你，说宝宝原来在板凳上坐不了1分钟，现在能够坐3分钟了。别的家长特别羡慕妈妈，因为全班只有宝宝进步了。"那天晚上，儿子破天荒地吃了两碗米饭。第二次家长会，老师说："全班50名同学，这次你儿子数学排49名，我怀疑他有智力问题，最好带他到医院看一下。"

回家的路上，她哭了。回到家里，看到诚惶诚恐的儿子时，她振作精神："老师对你充满信心，你并不是一个笨孩子，只要你能够细心些，会超过你的同桌。"说这些话时，她发现儿子暗淡的眼神一下子亮了。

第二天上学，儿子比平时起得都早。孩子上了初中，又一次家长会，老师告诉她："按你儿子的成绩，考重点中学有点危险。"她还是告诉儿子："班主任对你非常满意，只要你努力，很有希望考上重点中学。”

高中毕业，儿子把清华大学招生办的通知书拿给了妈妈。边哭边说：“妈妈，我一直都知道我不是个聪明的孩子，是您……”这时，她再也按捺不住十几年聚集在内心的泪水。

小孩的特点是好奇、幼稚，有时缺乏自信。他们对每一点小小的进步都非常在乎，渴望得到大人的肯定。父母和教师要鼓励孩子学习，真诚地赞扬他们所取得的微小的成绩，使他们切实认识到，“我能学好!”从而增强自信心。

2. 发挥特长，促进自信

孩子们的智力发展是不均衡的，每个人都有自己的个性特点。父母要了解孩子，激发他的优势。小田学习成绩不拔尖，但他天生一副好嗓子，朗读起课文来声情并茂，老师和家长充分发挥他的特长，让他担任学校广播站的播音员，他不仅发挥了特长，成绩也提高了很多，从而促进了自信心。

3. 鼓励发言，培养自信

要重视孩子的语言发展。贫乏的语言环境妨碍孩子学业的进步。要尊重儿童的意见和感情，创设安全的气氛，让孩子畅所欲言，要鼓励孩子在课堂上积极发言，以培养他们的自信心。不要错误地认为不声不响埋头学习就是好孩子。

4. 指导实践，提高自信

要鼓励孩子参加各种解决问题的实践活动。无论是学科学习还是非学科学习，家长要指导孩子自己动脑筋解决问题，这常使他们体验到成功的喜悦，那么，孩子的自信心也会增加。

高度的自信和自由奔放的创造性是密切相关的。研究表明，只有具有自由创造才能，充满自信，沉着镇静，善于独立思考的儿童，才能够聚精会神，专注于个人的学业，使学习效率不断提高。

六、化解孩子的焦躁情绪

艾美一直是个懂事听话的孩子，但自从上学后，她却像变了个人似的，反常地任性起来，情绪经常紧张焦躁，甚至学会和妈妈顶嘴了。妈妈十分担心，于是来到艾美的学校咨询。老师安慰她说，孩子在成长产生飞跃或环境发生变化的阶段，出现情绪焦躁等一系列行为，完全在意料之中，因为他们正在进行着自身与外界的磨合和调节。老师建议艾美妈妈对她的反常的行为尽量不予计较，要继续保持冷静并给予关爱。

（一）情绪焦躁的根源

情绪问题常常跟以下因素密切相关：来自社交场合和周围环境的压力、紧张的学习、荷尔蒙分泌的增多、身体发育的变化、对更大自由的渴望、想讨人喜爱的强烈愿望和在同龄群体中树立地位的期盼等。当孩子的心理诉求和外界环境产生矛盾时，就会感到焦虑。

现在的孩子承受着越来越大的压力、承受着越来越高的要求，这都很容易导致孩子产生不良情绪和行为，在孩子自我释放和调节的过程中，难免会将其转移到家长身上，必然对家长的耐性构成莫大的挑战。

（二）正确的应对态度

首先是要体谅孩子，要做到不被孩子的糟糕情绪所触怒，提醒自己：孩子并不是有意让你生气的。其次是弄清真相，了解和分析孩子表现出的糟糕情绪。比如询问：“你好像有些焦躁，发生了什么事吗？”特别是当孩子较小，还不能很好地自我消化不良心理情绪时，更要鼓励孩子无拘无束地把事情讲出来。但如果孩子较大，家长要意识到孩子可能愿意保留隐私，这时可以说：“你可以先不讲，但当你决定讲出来时，我随时都会乐意倾听。”最后是对孩子给予更多的关注，当孩子心情糟糕的时候，为了避免硬碰硬，家长很多时候会选择避开孩子。其实，这反而是孩子最需要爱护和理解的时候，应该尽量陪他一起面对生活中的烦恼和困难。

（三）如何为孩子提供帮助

1. 让孩子拥有自己的时间。许多父母让孩子学乐器、学外语等，大量占用了孩子的课余时间，常使孩子感到压力过大，精神紧张。其实，父母应合理安排孩子的课余生活，保证孩子有充足的时间独处，做自己喜爱的游戏，父母不要去干预。

2. 对孩子的意见予以鼓励。从身体和智力发育上来说，孩子大约在 7 岁左右会开始出现一个质的飞跃。由于内因和外因的相互作用，孩子开始发展抽象和逻辑思维能力，开始有了自己的思想。由于世界向他敞开了更宽广的一扇门，孩子不再认为爸爸妈妈是绝对正确的，当家长的意见越来越多地受到质疑时，说明孩子正在充分发育和成长，千万不要予以压制和打击，最好是通过鼓励和讨论的方式，帮助他更周详地思考和表达。

3. 鼓励孩子表达自己的愤怒。没有化解的愤怒是压力潜在的根源。父母要鼓励孩子诉说生气的原因，并让他感觉到你无时无刻不在关心他。

4. 让孩子参加体育锻炼。体育锻炼有利于减轻心理压力，消除紧张情绪。不少孩子通过踢球、骑车、游泳等活动，不仅消除紧张焦躁的情绪，还锻炼了在遇到突发事件时保持镇静的能力。

5. 根据具体情况来对待孩子的“无礼”。当孩子故意表现出无礼、叛逆等不良行为时，家长要认真考虑一下，这些行为究竟在哪些方面越过了底线？反映出何种心理诉求？如果只是偶然才出现顶嘴叛逆的话，家长则不必过于敏感，适当的叛逆行为对孩子来说可以缓和情绪的波动。然而，如果这种无礼的行为继续下去，那么就有必要对孩子进行教育，说明为什么这种行为会使人感到厌烦，并且共同制定一些更为严格的规章制度。

6. 教会孩子一些放松的技巧。如深呼吸、慢跑、打一场球、睡觉、洗热水澡等，这些对缓解紧张、压力、促使精神松弛都有一定的作用。

7. 创造欢乐的家庭气氛。如果孩子出现紧张焦躁情绪，一味地讲道理意义不大，而有趣的玩笑或幽默的语言却会收到很好的效果。

8. 注意孩子情绪波动的爆发模式。大部分情况下，孩子的焦躁情绪都是短暂的，但如果这种情绪持续的时间较长并且经常出现，家长则要考虑寻求专家的帮助。同时还要注意以下情况：孩子的吃饭和睡觉情况是否有所变化、是否有不想去上学或不想去朋友家串门的情况、是否表现出精力不集中或功课落后的情况等。这些都是情绪焦虑的征兆，家长应该及时给予重视，寻求解决的办法。

9. 让孩子接受音乐的熏陶。常在家中播放一些轻松舒缓的音乐，对缓解孩子的焦躁情绪有一定的帮助。

10. 提供安静的休息环境。干净和有条不紊的房间有助于孩子进入梦乡。应避免孩子在睡觉前看恐怖影视节目及听使人精神紧张的故事等。

七、及早纠正孩子心胸狭窄的毛病

心胸狭窄的坏毛病在当今的孩子中相当普遍。父母都希望自己的孩子能有一颗宽容的心，与他人友好相处。但他们不当的教育方式却经常使他们的愿望难以实现。

小静是一个优秀的女孩子，她一直是爸爸妈妈的骄傲。从小时候起，小静就会察言观色，还是在上幼儿园的时候，她就会看老师的眼色行事，深得老师的偏爱。上学以后，自学能力也非常强，学习成绩好，而且她的速算能力在全校也是数一数二的。同时，小静又能歌善舞，学校的演出都少不了她的身影……诸多的长处使小静产生了一种优越感，而且这种优越感表现为——“我行，别人不行!”

小静虽然成绩突出，并有那么多值得骄傲的地方，但却存在一个致命的缺点——心胸狭窄，她容不得别人比她强，受不了老师的一点儿批评。因此，她和同学的关系很紧张，有时也会跟老师闹矛盾。上幼儿园时，她经常为了一些小事和小朋友发生矛盾。有一次，她和一个小朋友争吵起来，老师批评了他们。她觉得自己很委屈，回家又哭又闹，逼着妈妈给她转幼儿园。妈妈拗不过她，只好给她换了一所幼儿园。上了学，小静的班主任和任课老师都挺喜欢她，但她心胸狭窄的坏毛病还是没有改。班上如果某个同学在哪方面超过了她，她就会非常气愤，想方设法打击、报复或者诽谤人家，以发泄心中的不满，同学们知道小静有这样的毛病，所以都疏远她。小静也不能接受老师的批评。有一次，老师表扬了别的班干部，而没有表扬她。老师说她学习好，工作能力强，就是工作方法上存在着一些问题，同学关系有时会出现一点紧张，希望她能稍微改变一下。老师说得很委婉，也很诚恳，但心高气傲的小静哪里听得进去。为了这件事，小静一连几天吃不下饭，也不说话。她觉得太不公平了，老师怎么能这样对她呢？小静总会为一些琐碎的小事而生闷气，妈妈看在眼里，急在心里，她担心女儿这样的性格将来适应不了社会。

其实，小静这种心胸狭窄的性格不是天生的，妈妈对她的影响很大。小静的妈妈是一个能力极强的人，总给人一种高高在上的感觉。自身的优越使她容不下一点儿反对意见。在家里，有时她做事不妥当，小静的爸爸给她指出来，她不但不会接受，还大发脾气，耍性子，不吃饭。从小小静就从妈妈那里学到，不管自己做什么都是对的，绝对不能接受别人的批评。

在很多家庭中，孩子就是一切，爷爷奶奶、爸爸妈妈整天围着孩子转，他们的要求从不会被拒绝，长辈们只知付出，不图回报。长此以往，孩子就形成了一种错误的观念：我是最好的，谁都不如我。因此当孩子走出家门，面对更广阔的交际空间时，难以接受别人比自己强的现实。另外，有的家长本身就爱斤斤计较、不能吃一点亏，这也会给孩子造成消极影响。

如何使孩子改掉心胸狭窄的坏毛病，以下有几条建议，可供各位家长参考。

（一）创造机会，让孩子多接触同龄人

孩子心胸狭窄的一个重要原因就是从小和同龄人的接触太少，家长对他处处忍让，以至于他们从来不能站在别人的角度考虑问题，完全以自我为中心。因此，家长应多提供机会，让孩子经常与小伙伴交往。在交往中学会宽容、体谅他人，提高人际交往能力及社会适应能力，养成良好的性格.

（二）家长不可袒护孩子，要帮助孩子正确评价自己

当孩子在交往中遇到矛盾和纠纷时，家长不可偏袒自己的孩子。可

适当给予抚慰，并帮助孩子分析事情发生的原因，找出自己或别人的不对之处，客观地认识自己，明辨是非后，妥善处理。

（三）疏导、转移孩子对矛盾结果的注意力

心胸狭窄的孩子经常为一点小事耿耿于怀，进而影响自己的情绪。家长应引导孩子反思起因，检讨自己的过失，原谅伙伴的缺点与失误行为。这样，由矛盾引起的不快就会很快消失。

（四）告诉孩子对朋友要以诚相待

家长要让孩子知道，即使是别人错了，也应该原凉他。原谅他就是给他改正的机会，使他更珍惜彼此的友谊，更明白宽容忍让有利于增进友谊。

（五）成人要做孩子的榜样

孩子总会模仿家长处理问题的方式。作为家长，在遇到矛盾或冲突时，要宽宏大量，不计较得失，能够高姿态，不怕吃点亏，“得饶人处且饶人”，以此使孩子受到熏陶与教育，孩子才能在相应的时候做到原谅别人。

（六）必要时，让孩子体验一下心胸狭窄的害处

因为总是与人斤斤计较，毫不容人，别人就会害怕或不喜欢与你做

朋友。家长要让孩子认识到不会原谅别人的人，也得不到别人的原谅；如果养成霸道、蛮横、自私、无情的坏习惯，容易被孤立，今后走入社会就会吃大亏。

心胸狭窄不但会影响孩子的人际关系，还会损害其身心健康，甚至会阻碍其将来事业的发展。我们必须帮助孩子纠正心胸狭窄的坏毛病，让孩子有一颗宽容的心，使他们快乐地成长。

八、放开心态，解放孩子的天性

常听到一些父母对孩子这样讲："我家的宝宝真聪明，不像别的孩子那样笨。""我们的孩子最听话，可不像别家孩子那样调皮，那么讨人厌。"

家长有意无意地说出诸如此类的话，在表扬或炫耀自己孩子的同时却把别的孩子贬斥一番。但我们不妨冷静下来想一想，当我们的孩子听了这些话，会产生怎样的想法呢？他们会不会变得自命不凡、孤芳自赏，与其他孩子格格不入呢？

马修的妈妈在37岁才生下这个儿子，疼爱之心自不必说。马修稍有头疼脑热都会惊动全家人的每一根神经，家人对他可谓处处关心，事事包办。当马修4岁时，到了该上幼儿园的时候了，全家人把小马修送到幼儿园，可刚去了一天，他说什么也不肯去了，一到幼儿园就哭得像个泪人似的，妈妈和奶奶都跟着掉眼泪。看到此情此景，奶奶便说：“你看孩子多可怜，他不愿意去就别勉强了，还是留在家里，让我带吧。”

就这样，马修在奶奶身边又待了两年。和奶奶在一起时，马修很少出去玩，大部分时间在家里听奶奶讲故事或自己一个人过家家。看着周围小朋友们在幼儿园都进步不小，妈妈决定再次送马修上幼儿园。这回马修好像长大懂事了，不像以前那样苦恼。但据老师反应，马修在园里和其他小朋友表现不一样。他从不主动和其他小朋友说话，也不和他们一起玩。当别的小朋友在一起做游戏、打闹时，马修总是自己一个人在一边玩。老师让小朋友们回答问题时，别的小朋友都争先恐后地举手发言，而马修从来不敢举手。老师把他叫起来，他回答的声音也很小。马修在园里总是一副郁郁寡欢，与小朋友们格格不入的样子。可马修妈妈却说：“马修在家里可不这样呀！”的确，马修在家中与幼儿园里好像判若两人。在家里马修很好动，和父母整天有说有笑的，他特别喜欢和奶奶在一起，像个快乐的小鸟一样总是围着奶奶转。但他一见到陌生人就很害羞，躲在一旁不说话。

马修平时与家人在一起的时候表现很正常，只是一旦处于社交情境或集体生活，或要送他进入幼儿园时，就会出现异常反应，例如很难适应新的环境，怕见生人，回避集体活动，不敢与人说话等。

从孩子的天性来说，孩子是乐群好交的，那些孤僻离群的孩子大多数不是缘于天生，而是由于不当的家庭教育方式所致。有的研究表明，独生子女容易形成孤僻离群的坏习惯，这与儿童缺乏与玩伴在一起的情感体验，特别是孩子在幼年时，常被关在家里独自玩耍，不与其他孩子交往有密切关系。

另外，如果家长对孩子过分溺爱，过分照顾和迁就，儿童生活在自己家中的小天地里什么都很顺心如意，而当他到幼儿园、学校等集体情境中时，就会感到陌生、害怕，并且要遵守集体的规则，他会感到一切都不如家中如意。家长对孩子的过分娇惯，也会使孩子在各方面的适应能力很差，孩子难以适应新的环境就会采取逃避的方式，拒绝去幼儿园或学校。

当然，孩子的孤僻离群也有孩子自身的原因。比如，孩子本身的性格特点：内向、拘谨、好独处、不爱活动等，孩子本身具有这些特点，家长又很少让他们出去与同伴一起玩耍，这样容易形成孩子孤僻的坏习惯。

环境因素也可能造成孩子的孤僻离群，如由于儿童原来所处的环境闭塞，很少见到陌生人，当环境突然改变时会觉得很不习惯。孤僻离群的坏习惯会给儿童带来一些心理问题，使得孩子难于应付各种复杂的人际关系而变得自卑和羞怯，这在一定程度上影响儿童成长。因此，家长应采取措施纠正孩子孤僻离群的坏习惯。

1. 以身作则，为孩子创造良好的家庭环境

良好的家庭氛围主要表现为全家人的和睦相处，家长疼爱子女，儿女孝敬父母，彼此关心照顾，共同生活，这样的家庭环境对孩子有一种凝聚力，孩子在这种气氛中，潜移默化地学会与人融洽相处，其人格也会不断完善。

2. 鼓励孩子走出家门，多与同伴交往

著名教育家刘绍禹先生提出的教育原则是：家人不要太亲近儿童，儿童应该与年龄相同的儿童生活，然后才能学得与人相处之道。儿童总是与家人在一起，就会产生依赖式的心理，将来步入社会就会感到很难适应。从儿童身心发展的规律来看，一般孩子长到 4 岁时，就已经产生社会交往的欲望。这是孩子社会交往的萌芽期，在这个时期，家长应提供孩子与同伴交往的条件，鼓励他们走出家门多与同伴交往，在交往中获得丰富的社会交往经验，得到社会生活的训练，培养社交能力。

3. 鼓励孩子多与大人交往

美国心理学家哈伯特教授指出，孩子从小与大人交往，有利于孩子形成能屈能伸的心理品质，有利于孩子长大后尽快适应新的工作和生活环境。家长要教育孩子对邻居、客人要热情、谦虚、礼貌，这样使孩子逐渐养成尊重别人、爱护别人的良好品德。家人要引导孩子与亲人平等相处，切忌以孩子为中心，处处围着孩子转，让孩子凌驾于父母之上。同时，家长也要尊重孩子，切忌随意训斥打骂孩子，要让孩子在互敬互爱的家庭气氛中形成合群的性格。

4. 有意识地教给孩子一些社交技能

孩子在交往过程中都有自己比较要好的朋友。孩子和朋友交往中，家长要教育孩子严于律己，宽以待人，朋友之间要互相信赖，彼此尊重。家长应告诉孩子可以被接受的游戏方式，鼓励孩子说出“我跟你玩好不好”等一些有礼貌的话，并让孩子知道别人喜欢他这样，而不喜欢不礼貌的孩子。告诉孩子不能侵犯他人的自由。家长应经常赞美孩子，也教会孩子学会赞美别人。孩子自己如果能说出“你很棒”、“好漂亮”之类的话，则可以赢得不少朋友。

教子箴言

当生活像一首歌那样轻快流畅时，笑颜常开乃易事；而在一切事都不妙时仍能微笑的人，是真正的乐观。——威尔科克斯